KODOMO NO 'IYA' NI KOMATTA TOKI NI YOMU HON
Copyright © 2016 Mii Ohkawara
Korean translation rights arranged with DAIWA SHOBO CO., LTD.
Through Japan UNI Agency, Inc., Tokyo and Korea Copyright Center, Inc., Seoul

이 책은 (주)한국저작권센터(KCC)를 통한 저작권자와의 독점계약으로 영진닷컴(주)에서 출간되었습니다. 저작권법에 의해 한국 내에서 보호를 받는 저작물이므로 무단전재와 복제를 금합니다.

오늘도 우리 아이는 "싫어"라고 떼쓴다!

ISBN 978-89-314-5713-1

독자님의 의견을 받습니다

이 책을 구입한 독자님은 영진닷컴의 가장 중요한 비평가이자 조언가입니다. 저희 책의 장점과 문제점이 무엇인지, 어떤 책이 출판되기를 바라는지, 책을 더욱 알차게 꾸밀 수 있는 아이디어가 있으면 이메일, 또는 우편으로 연락주시기 바랍니다. 의견을 주실 때에는 책 제목 및 독자님의 성함과 연락처(전화번호나 이메일)를 꼭 남겨 주시기 바랍니다. 독자님의 의견에 대해 바로 답변을 드리고, 또 독자님의 의견을 다음 책에 충분히 반영하도록 늘 노력하겠습니다.

이메일 : support@youngjin.com
주 소 : 서울 금천구 가산디지털2로 123 월드메르디앙벤처센터 2차 10층 1016호
            (우)08505
등 록 : 2007. 4. 27. 제16-4189호

STAFF
저자 오오카와라 미이 | **역자** 황종하
기획 기획 1팀 | **총괄** 김태경 | **진행** 정은진 | **디자인 및 편집** 함세영
영업 박준용, 임용수 | **마케팅** 이승희, 김다혜, 김근주, 조민영 | **제작** 황장협 | **인쇄** 서정인쇄

훌륭한 아이디어 "사랑"으로 세계를 구하라!

질문과 답변으로 알려주는
부드럽지만 단호한 훈육

오늘도 우리아이는 "싫어"라고 떼쓴다!

오오카와라 미이 지음 • 황종하 옮김

YoungJin.com Y.
영진닷컴

들어가며

아이가 "싫어"라고 할때 어떻게 대하면 좋을까

필자는 이 책을 미취학 아동을 양육하고 있는 부모님들을 위해 집필하였습니다. 많은 엄마들이 아이가 "싫어"라고 할 때 어떻게 대해야 할지 자신이 없어 곤혹스러워 한 경험이 있을 것입니다. 요즘에는 엄마들을 위로하기 위해 "좋은 엄마가 되려고 하지 않아도 좋아. 마음을 편히 하면 좋아. 아이 교육은 부모 책임이 아니지. 사회가 아이를 키워야 마땅한데 그렇지 않은 일본 사회가 문제야. 그러니까 깊이 생각하지 않아도 돼"라는 식의 격려가 많다고 생각합니다.

하지만 이 책은 그렇지 않습니다. "정신 차리고 키우자"라고 말합니다. 부모의 괴로움은 제쳐 놓고 아이 교육을 중심으로 아이가 제대로 자라는 데 필요한 것을 적었습니다.

저는 초등학교 이후의 아이들의 심리적 문제의 치료를 돕는 일을 전공하였습니다. 이 책은 심리적 문제 때문에 나중에 부모와 아이 모두 고통을 겪는 것을 가능한 예방하기 위해서 쓰여졌습니다. 초등학교 저학년의 폭력 건수가 증가하고 있는 문제는 매우 심각합니다. 유감스럽지만 앞으로도 늘어날 것이라고 우려하고 있습니다. 어린아이들의 폭력은 불쾌한 감정을 제어할 수 없기 때문에 생길 수 있지만 그것은 부모와 자식 간에 불쾌할 때 부모 얼굴을 보면 안심하는 관계가 되어 있지 않기 때문에 발생합니다.

일본 엄마들은 아이의 모습을 보고 어떤 생각을 하는지 짐작하는 능력이 매우 뛰어납니다. 하지만 안다고 해서 자기 자신의 불안에 대해 대답할 수 있지는 않습니다. 아빠, 할아버지 할머니 또는 보육사가 전담하여 불안에 괴로워하는 엄마보다 잘 육아를 해 준다면 좋은 일이긴 하지만 이 경우에도 '나는 안돼'라는 생각이 들 것입니다. 엄마가 육아에 자신감을 잃는 것은 아이에게 있어서도 좋은 것은 아닙니다. 대다수의 일본의 엄마들은 "다른 사람에게 맡겨서 운이 좋아" 라고 마음 편하게 있을 수 없기 때문에 괴롭습니다.

지금까지 제가 상담사로서 만나온 부모들은 자녀와 일시적으로 학대적인 관계에 빠져버려 절망하고 있었습니다. 그리고 아이를 사랑할 수 있게 되고 싶다는 강한 바람을 갖고 있었으며, 그 때문에 고통을 받고 있었습니다. 자신의 아이를 사랑할 수 있게 되기 위해 자신을 마주하고 자기의 고통을 받아들이는 것을 통해서 제대로 된 어머니가 될 수 있다는 것을 가르쳐 주었습니다.

이 책은 미취학 아동들이 길러야 하는 감정 조절의 힘에 기반하여 초점을 맞추고 질의응답(Q&A)의 형태로 구체적인 상황에서의 대응을 나타냈습니다. 이 책에 나와 있는 것을 익히고 실행해 보면서 아이의 반응이 변하고 '나도 할 수 있을지도 모르겠다'라는 느낌을 가지게 되면 아이의 건강한 성장에 반드시 도움이 될 것입니다. 이 책을 통해 자녀를 올바르게 가르치는 것이 어떤 것인지 알게 되기를 기원합니다. 그것은 초등학교 이후 자녀교육에 있어서도 응용할 수 있을 것입니다.

2장에서는 상담원 엄마의 육아 에세이도 들어 있습니다. 저의 대학원 수료생이며 현재 육아 중인 5명에게 써 달라고 한 것입니다. 내 아이를 키우는 것은 이치대로 되지 않으며 비록 상담사라도 모두 똑같이 헤매고 당혹스러워하고 고민합니다. 하지만 어떻게 해야 할지 알고 있기 때문에 우리는 각오를 할 수 있습니다. 기다리거나 자신을 격려할 수 있을 것이라고 생각합니다. 독자 여러분들에게도 또한 이 책이 그런 역할을 하게 되기를 바랍니다.

마지막으로 이 책은 야지마 북사무실 야지마 사치고 씨 덕분에 실현된 것입니다. 육아 중인 엄마들을 지원하기 위하여 이 책을 기획하고 편집해 주신 데 대해 감사 드립니다.

2016년 7월
도쿄 학예대학 교수/임상 심리사 오오카와라 미이

옮긴이
의 말

19년째 산부인과 의사를 하고 있고 초등학교 다니는 아들, 딸 두 아이를 키우고 있다. 영진닷컴과는 『따끈따끈 나의 자궁』이라는 일어 번역서를 감수하면서 인연을 맺었다. 선생님 자녀도 있으니 번역을 하면서 책도 읽어 보면 좋을 것 같은데요. 출판사에서 온 전화에 '소아과 의사도 아닌데…'라고 말끝을 흐리다가 책을 보고 결정하겠다고 했다. 미취학 아동을 키우고 있는 부모를 대상으로 한 내용이다. 깊은 전문 지식이 필요하지 않고, 읽다 보니 흥미가 생겨 번역을 하겠다고 했다.

육아는 만만한 일이 아니다. 지금은 아이가 초등학교를 다니고 있지만 돌이켜 보면 아이를 키우다 보면 난감한 일이 한두 가지가 아니었다. 초등학교에 들어가기 전의 아이는 말이 통하지 않는다. 아이는 어른과 달리 이성적으로 생각하고 행동할 수가 없다. 어른 대하듯 아이를 다루면 안 되고 어른이 아이의 마음을 헤아려야 한다. 하지만 무의식적으로 아이도 어른과 똑같다고 생각하고 대하기 쉽다. 아이가 말을 못 알아들으면 버럭 소리를 지르거나 내버려 두기도 한다.

저자는 '착한 뇌'와 '싫어싫어 뇌'로 뇌의 기능을 구분하였다. '착한 뇌'는 대뇌 피질을 의미하고 '싫어싫어 뇌'는 번연계와 뇌간부을 의미한다. '착한 뇌'는 이성적인 판단을 하고 '싫어싫어 뇌'는 감정에 충실하다. 어른은 '착한 뇌'의 기능이 발달하여 이성적으로 감정을 조절할 수 있지만 아이는 '착한 뇌'의 기능이 미숙하여 주로 '싫어싫어 뇌'의 영향을 받아 행동을 한다. 1장에서 착한 뇌와 싫어싫어 뇌의 관계에 대하여 설명을 하고, 이를 토대로 하여 아이의 행동과 어른의 대처 방법에 대하여 설명을 해 놓았다.

저자는 복잡한 의학적 지식을 동원하지 않고 알기 쉽게 이야기를 풀어 나간다. 아이의 뇌 구조가 어른과 다르다는 것과 그렇기 때문에 아이를 대하는 방법이 다를 수밖에 없는 것을 다수의 상황과 예를 들어 명쾌하고 알기 쉽게 설명한다. 단순히 '이런 경우 어떻게 하면 좋다'라고 하는 것이 아니고 아이의 뇌 구조와 상황을 연결시키기 때문에 부모는 아이의 입장을 이해하고 대처할 수 있게 된다. 아이를 키우던 때를 돌이켜 보면 저자의 말이 가슴에 와 닿는다. 책의 내용이 어렵지 않으므로 아이를 키우는 아빠, 엄마라면 잠깐 짬을 내서 읽어 보면 좋을 것 같다. 시간이 없으면 사례별로 되어 있으므로 필요한 부분만 선택적으로 읽는 것도 괜찮을 듯하다.

모든 상황을 나열할 수는 없고, 개개인마다 처한 상황이 다를 수도 있다. 하지만 아이의 뇌 구조를 이해하고, 사례를 접하다 보면 나름의 응용력이 생기게 된다. 아이를 키우는 데 정답이 있는 것은 아니다. 부모의 직관적인 판단이 필요한 경우가 많다. 자신의 판단을 믿고 자신감을 가지는 것이 중요하다는 생각을 해 본다. 현실은 이론과 다르다 보니 책을 보고 이해했다고 하더라도 막상 실제에서는 어려움에 부딪칠 수도 있다.

부모가 되는 과정이 순탄치만은 않다. 책을 읽다 보면 다양한 이유로 부모들이 고민을 하고, 좌충우돌하면서 힘들게 아이를 키우고 있다는 것을 알게 된다.

감정을 느끼는 뇌는 성인과 아이가 근본적으로 다르지 않다. 성인은 이성이 감정을 억누르고 있는 것뿐이다. 아이의 뇌 구조를 이해하고 미취학 아이의 행동 방식에 대응하는 방법을 제시하는 책이지만, 읽다 보니 초등학교에 들어간 큰아이도 나아가 어른일지라도 이성이 감정을 억누르지 못하면 폭발할 수 있다는 생각이 들었다. 어른도 아이와 마찬가지로 안심과 지지가 필요하다.

요즘 남편들이 과거에 비해 가사와 육아에 더 많이 분담하려고 한다지만 아직 육아에 있어서는 더 많은 부담은 여성이 가질 수밖에 없다. 때문에 감당하지 못할 상황에 힘겨워하기도 한다. 지지자, 실질적인 조력자로서의 남편의 역할이 중요하다. 남편 역시 아내와 더불어 책을 보면서 육아에 대해 같이 고민해 봤으면 하는 바람이다. 남편의 그런 자세만으로도 아내들은 마음이 안정되고 위안을 받지 않을까 싶다.

황종하

차 례

003_ 들어가며

제1장 아이는 왜 "싫어"라고 하나?

015_ 아이의 "싫어"와 뇌의 발달

016_ 알아두면 좋은 '싫어싫어 뇌'와 '착한 뇌'의 역할

019_ 참는 힘을 어떻게 기를까

022_ 걱정스러운 두 가지 유형

025_ 왜 '싫어싫어 뇌'를 소중히 여겨야 하나?

제2장 '싫어싫어 뇌'의 다섯 가지 역할

031_ **Q&A1** 하나. 메스꺼움의 역할 신체의 신호와 의사소통

032_ **Q&A2** 둘. 불안의 역할
아이가 "엄마가 아니면 싫어"라고 말하는 것은 제대로 기르고 있다는 증거

033_ **Q&A3** 셋. 공포의 역할 아이가 "무섭다"고 말할 수 있는 것은 성장의 증거

039_ **Q&A4** 넷. 아픔의 역할 "아픔아 아픔아 사라져라" 고통의 승인과 공감

042_ **Q&A5** 다섯. 분노의 역할 짜증을 안전하게 일으킬 주는 발상

046_ ○ 카운슬러 엄마의 에세이 1

제3장 자녀는 어떻게 '말'을 기억할까

051_ "나 기뻤어"라고 말할 수 있게 되는 과정

054_ Q&A6 이럴 때 어떻게 말을 하면 좋을까? 머리를 바닥이나 벽에 부딪치는 아이

056_ Q&A7 이럴 때 어떻게 말을 하면 좋을까? 거짓으로 우는 아이

059_ Q&A8 이럴 때 어떻게 말을 하면 좋을까? 졸릴 때 아프다고 하는 아이

061_ Q&A9 이럴 때 어떻게 말을 하면 좋을까? 오줌이 마렵지 않다고 하면서 오줌을 싸는 아이

063_ Q&A10 이럴 때 어떻게 말을 하면 좋을까? "죽어죽어"를 연발하는 아이

065_ ◌ 카운슬러 엄마의 에세이 2

 ## 제4장 어떻게 예의범절을 가르치면 좋을까

071_ 예의범절을 가르치는 방법과 과정

075_ 예의범절을 가르치는 틀

077_ 2, 3세 시기는 반드시 끝난다

078_ Q&A11 어떻게 예의범절을 가르치면 좋을까? 리모컨을 빠는 아이

080_ Q&A12 어떻게 예의범절을 가르치면 좋을까? 아이를 다른 방에서 재우고 싶은데요

082_ Q&A13 어떻게 예의범절을 가르치면 좋을까?
놀이터에서 놀다가 집에 가려고 하면 울면서 가려고 하지 않는 아이

084_ Q&A14 어떻게 예의범절을 가르치면 좋을까?
모유 수유를 중단하려고 하는데 좀처럼 할 수가 없어요

088_ Q&A15 어떻게 예의범절을 가르치면 좋을까?
밥을 하려고 하면 울기 때문에 계속 상대를 해 주어야 하는 아이

091_ Q&A16 어떻게 예의범절을 가르치면 좋을까? 배변 훈련이 잘 되지 않는 아이

095_ Q&A17 어떻게 예의범절을 가르치면 좋을까? 오줌 싼 바지를 갈아입기 싫어하는 아이

097_ Q&A18 어떻게 예의범절을 가르치면 좋을까? 외출했을 때 공공장소에 드러누워 크게 우는 아이

100_ Q&A19 어떻게 예의범절을 가르치면 좋을까? 빌려온 장난감을 돌려주지 않는 아이

102_ Q&A20 어떻게 예의범절을 가르치면 좋을까? 스스로 하려고 하지만 잘 못해서 짜증을 내는 아이

104_ Q&A21 어떻게 예의범절을 가르치면 좋을까? 동생을 질투하는 아이

107_ Q&A22 어떻게 예의범절을 가르치면 좋을까? 마트에서 자꾸 사 달라고 떼쓰는 아이

110_ **Q&A23** 어떻게 예의범절을 가르치면 좋을까?
말을 듣지 않기 때문에 '예의범절' 앱에 의존하고 싶어요

112_ 카운슬러 엄마의 에세이 3

제5장 부모의 SOS 사인

117_ **Q&A24** 이럴 때 어떻게 하면 좋을까? 엄마를 때리는 아이

120_ **Q&A25** 이럴 때 어떻게 하면 좋을까? 물건에 대한 집착이 강한 아이

122_ **Q&A26** 이럴 때 어떻게 하면 좋을까? 2세 아이의 물어뜯는 버릇

125_ **Q&A27** 이럴 때 어떻게 하면 좋을까? 관심을 보이지 않으면 기분이 좋아지는 아이

129_ **Q&A28** 이럴 때 어떻게 하면 좋을까? 유치원에 가기 싫어서 늑장을 부리는 아이

133_ **Q&A29** 이럴 때 어떻게 하면 좋을까? 눈을 깜빡거리는 아이

136_ **Q&A30** 이럴 때 어떻게 하면 좋을까? 머리카락을 뽑는 아이

139_ **Q&A31** 이럴 때 어떻게 하면 좋을까?
엄마 앞에서는 좋은 아이인데 유치원에서는 심술을 부리는 아이

141_ 카운슬러 엄마의 에세이 4

제6장 엄마 자신의 SOS 사인

147_ **Q&A32** 엄마로서 제대로 하고 있는 걸까? 아이가 태어나서 불안이 강해졌어요

149_ **Q&A33** 엄마로서 제대로 하고 있는 걸까? 출산 후에 어린 시절이 기억나서 괴로워요

152_ **Q&A34** 엄마로서 제대로 하고 있는 걸까? 아이 울음소리가 들리면 두려움이 진정되지 않아요

154_ **Q&A35** 엄마로서 제대로 하고 있는 걸까? 자녀교육에 대한 정답이 없어서 괴로워요

156_ **Q&A36** 엄마로서 제대로 하고 있는 걸까? 자신의 부모로부터 아직까지 평가받는 듯해 괴로워요

158_ **Q&A37** 엄마로서 제대로 하고 있는 걸까?
임신, 출산 시 의사가 한 말이 머리에서 떠나지 않아서 괴로워요

160_ **Q&A38** 엄마로서 제대로 하고 있는 걸까?
'아기 안전띠'나 스마트폰 '앱'을 사용하면 부모로서 실격인가요?

164_ 카운슬러 엄마의 에세이 5

- 제 1 장 -

아이는 왜 "싫어" 라고 하나?

이 책에서는 아이가 나이에 맞는 적절한 '참는 힘'을 몸에 익혀 나가기 위해서 아이와 부모 사이에 어떤 관계가 필요한지에 대해 엄마들의 질문에 답하려고 합니다.

아이의 "싫어"와 뇌의 발달

"싫어"라고 하지 않고 부모 말을 잘 들으면 육아가 재미있을 것이라고 생각하는 사람이 많을 것입니다. 아이가 "싫어"라고 하는 것은 불쾌하기 때문에 하지 않겠다는 의사 표시입니다. 사실 아이가 "싫어"라고 계속 내뱉고, 단호하게 "아니"라고 말하거나, 나자빠져서 움직이지 않거나 버티려면 에너지가 필요합니다. 이럴 때 엄마는 화가 나 자신도 모르게 손이 나오려고 하거나 나와 버리는 일도 있고, 어찌할 바를 몰라 무기력해지기도 합니다. 아이를 교육한 경험이 있으면 모두 짐작이 갈 것입니다.

왜 아이들은 "싫어"라고 말하는 것일까요? 마의 2세라고 하는 시기에 "싫어"를 연발하는 아이 때문에 고민하는 엄마들이 많을 것입니다. 그런데 이 시기에 "싫어"라고 하지 않는 착한 아이라면 사실 그게 더 걱정스러운 것입니다. 뒤에서 그 이유를 설명하고 엄마들의 질문에 답하고자 합니다.

먼저 "싫어"와 관련된 뇌 구조에 대해 간단하게 설명을 하겠습니다. 뇌는 삼층구조로 되어 있습니다(그림1, 16쪽 참조). 신체를 담당하는 뇌간부, 감정과 기억을 담당하는 변연계, 그리고 인간만이 가지고 있는 고도로 발달한 영역인 뇌의 피질입니다. 뇌 피질의 앞부분에는 전두엽이 있고, 이곳은 생각한 것을 행동으로 옮기는 기능을 합니다. 감정과 기억, 신체를 맡고 있는 변연계 및 뇌간부는 생명을 보호하기 위해 작동하는 본능적인 영리함을 가진 뇌의 부분입니다. '싫은 기분'은 여기서 나옵니다. 이 책에서는 이 부분을 '싫어싫어 뇌'라고 부르기로 합니다. '싫어싫어 뇌'라고 이름을 붙였지만 이곳은 생명을 보호하기 위해 작동하는 본능적인 영리함을 담당하고 있다는 것을 제대로 기억해 주셨으면 합니다. 엄마, 아빠의 말을 이해하고 들으려고 하는 것은 뇌 피질의 전두엽 부분에 해당됩니다. 이 부분은 '착한 뇌'라고 부르기로 합니다.

아래 그림1에 뇌의 구조를 단순화해서 나타내 보았습니다.

▼ 그림1 **'싫어싫어 뇌'와 '착한 뇌'의 역할**

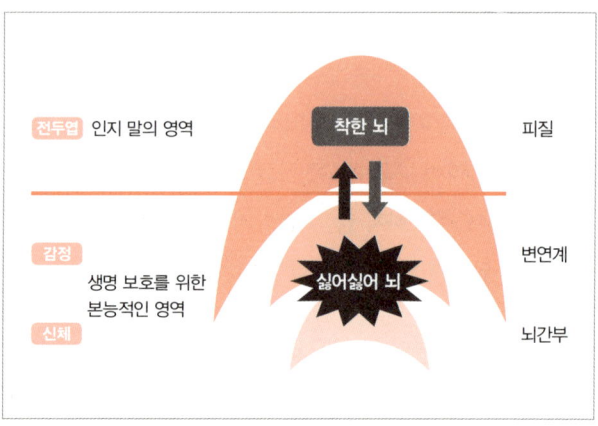

알아두면 좋은 '싫어싫어 뇌'와 '착한 뇌'의 역할

언어를 관장하는 뇌의 피질 부분은 나이가 들면서 점점 발달합니다. 태어났을 때는 아직 '착한 뇌'의 기능이 없습니다. 그래서 영아들은 울기만 합니다. 신체의 상태가 쾌적한지 여부에 따라 반응해서 우는 것 외 다른 의사소통을 할 수 없습니다.

다시 말하면 인간의 뇌는 태어났을 당시에는 생명과 신체를 지키기 위한 기능을 하는 '싫어싫어 뇌'만 기능을 하고, '착한 뇌'는 성장하면서 기능을 하기 시작합니다. 이 '착한 뇌'는 20년에 걸쳐 완성됩니다. 그래서 20세에 성인식을 하는 것입니다. 두 살까지의 뇌는 미완성 상태여서 마치 동물처럼 "싫어"라고 하는 것이므로 이를 조절하는 것은 불가능합니다.

왼쪽 그림1(16쪽)에서 보듯이 참는 능력은 '싫어싫어 뇌'와 '착한 뇌'가 서로 정보를 교환하고 타협을 하면서 길러집니다. 어른들도 졸릴 때 머릿속에서 '아 졸려, 좀 더 자고 싶다(싫어싫어 뇌)'와 '아냐, 안 돼. 일어나야지(착한 뇌)' 사이에서 갈등을 겪고 있습니다. 이 두 가지 뇌 사이에 갈등을 타협하고 차단할 수 있는 능력이 참는 힘입니다. 하지만 참는 힘을 어떻게 하면 키울 수 있을까 하는 문제에 대해 일반적으로 많은 오해가 있습니다. 싫은 감정을 어디까지 인정해 주면 좋은 것인지, 어느 시점에 혼내지 않으면 안 되는 것인지, 제멋대로 되어 버리는 것은 아닌지, "싫어"라고 말하는 것 자체가 버릇없는 것이라는 등. 아이가 자기주장을 시작하면 매일매일 고민투성이가 됩니다.

참는 힘을 어떻게 기를까

뇌 기능 중 참는 힘을 건강하게 가꾸어 나가기 위해서 유아기에 필요한 것은 무엇일까요? 바로 아이가 불편하다고 느낄 때 괜찮다는 느낌(안도감)을 주는 것입니다. 아이는 편안함을 느끼면 참는 힘이 길러집니다. 울던 아기가 엄마 품에서 새근새근 잠든 모습을 상상해 보세요. 몸이 불편했던 아기는 마음이 편해지면서 불쾌한 신체 감각이나 감정이 점차 가라앉습니다. 이때 일어나는 뇌의 반응을 다음 페이지의 그림2에서 보여주고 있습니다. '싫어싫어 뇌'에서 나오는 불쾌한 신체 감각과 감정은 생명을 지키기 위한 신호로 그것을 양육자가 알고 보호해 주면 욕구가 채워져 아이는 안심하고 안전하다고 느끼면서 좋지 않은 감정이 제어됩니다. 이것이 참는 힘을 기르기 위한 기반이 됩니다. 이를 심리학에서는 '애착의 관계성'이라고 합니다.

▼ 그림2 참는 힘을 기르는 '안도감과 안전감'

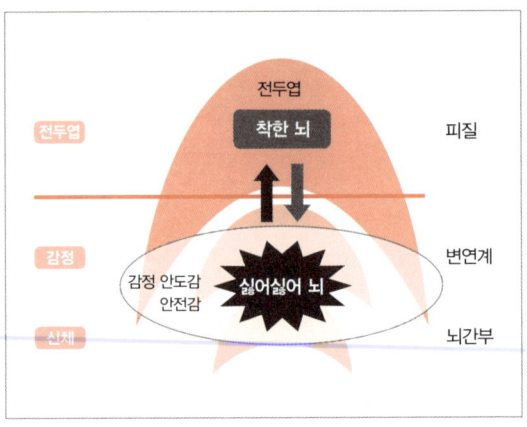

영아기에 애착 관계를 구축했더라도 두 살이 되면 이 관계를 잘 유지하는 건 간단한 일이 아닙니다. 말을 기억하는 '착한 뇌'가 작동하기 시작하는데 아직 세계를 이해할 수 있을 정도로 발달하지는 않았습니다. 걷거나 달리는 등 여러 가지에 흥미를 갖고 운동도 의지도 활발해집니다. 엄마가 "안 돼" 하고 제어하지 않으면 아이는 스스로 생명을 지킬 수 없습니다. 하지만 두 살이 된 아이는 엄마가 왜 안 된다고 하는지 이해할 수 없습니다. 거기서 욕구불만이 생기고 '싫어싫어 뇌'에서 짜증을 일으켜 통제 불능이 됩니다. 네 살 정도가 되면 착한 뇌도 기능을 해서 말을 기억하고 제어하는 것이 가능해져 두 살 때에 비하면 말을 잘 알아듣습니다. 그렇지만 아직 초등학교 저학년 정도로 발달하지 못해 상황에 따라 '싫어싫어 뇌'와 '착한 뇌' 사이의 균형이 무너져 짜증을 내는 일이 종종 있습니다.

왼쪽 그림2에서 보듯 아이가 불편할 때 엄마와 아빠가 아이를 달래면 아이는 걱정을 떨쳐버리고 마음이 편안해집니다. 아이를 잘 달랠 수 있다면 가끔 일으키는 짜증에 대해서는 걱정하지 않아도 됩니다. 짜증 내는 아이를 따뜻한 시선으로 지켜봐 주는 것이 아이가 커서 참는 힘을 키우는 기반이 될 것입니다. 문제는 아이가 싫다고 하며 짜증을 내거나 우는 것 때문에 생기는 것이 아니라 아이의 짜증과 우는 것을 보고 있는 엄마와 아빠의 마음이 불편하기 때문에 생깁니다.

걱정스러운 두 가지 유형

아이가 싫다며 울거나 화를 내거나 억지를 부리며 떼를 쓸 때 부모가 아이를 잘 보살피지 못하면 아이는 참는 힘을 기르기 어려워집니다. 참는 힘을 기르기 곤란한 경우는 다음 두 가지 유형이 있습니다.

▼ 그림3 **성장해도 없어지지 않고 지속되는 짜증**

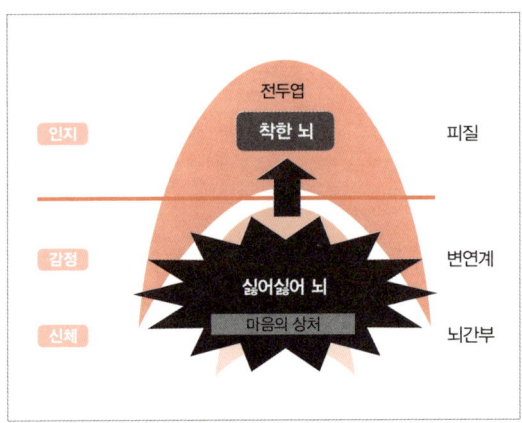

첫 번째 유형은 위의 그림3에서 볼 수 있는데, 아이가 나이가 들어도 계속해서 짜증을 내고 초등학생이 되어서도 감정 조절을 하지 못하는 것

입니다. 싫다는 기분이 해결되는 경험을 하지 못하고 유지되면 '싫어싫어 뇌'가 갑자기 활발하게 작용합니다. 일반적으로 아이의 말이 거칠어집니다. 착한 뇌가 발달하는 4세 이후가 되어도 착한 뇌가 작동하지 않게 됩니다. 그러면 아이는 부모님이나 선생님께 꾸중 듣는 일이 많아집니다. 그런 일이 반복되면 점차적으로 걱정을 떨쳐버리고 마음이 편해지는 경험을 할 수 있는 기회를 잃어버리면서 악순환에 빠져 버립니다. '싫어싫어 뇌'와 '착한 뇌' 사이의 균형이 깨지면 전체 뇌도 발달할 기회를 잃어 전반적으로 발달이 지연되거나 고르게 발달하지 못합니다.

▼ 그림4 울지 않는 아이가 나중에 걱정되는 이유

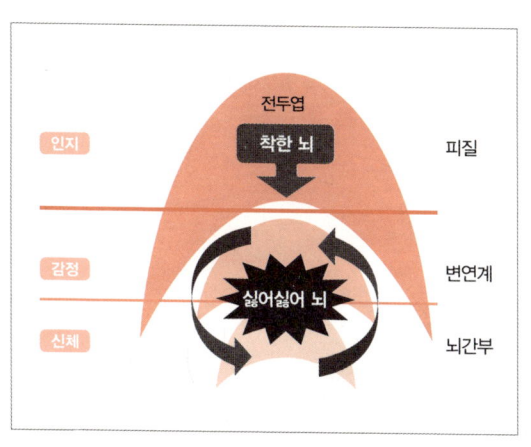

두 번째 유형은 위의 그림4에서 보여주고 있습니다. 이러한 유형의 발달을 하는 아이도 심각합니다. 엄마 아빠가 아이의 싫어싫어 뇌의 작용을 싫어하게 되면, 그런 환경에서 착한 뇌의 발달이 좋은 아이의 경우 싫어싫어 뇌와 착한 뇌 사이에 정보가 흐르지 않게 됩니다. 그렇게 되면 아

이는 부모 앞에서는 떼를 쓰지 않고 울지 않는 착한 아이가 됩니다. 그 과정에서 뇌의 중심에 큰 변화가 일어나고 있지만 주변에서 눈치를 채지는 못합니다. 부모 앞에서는 매우 착한 아이지만 부모가 보지 않는 곳에서는 짜증을 내고 심술을 부리기도 합니다. 싫어싫어 뇌에서 쏟아져 나오는 에너지가 억제되어 갇힌 상태이기 때문에 초등학교 이후에도 다양한 심리적 문제를 야기하게 됩니다. 이런 아이는 언뜻 보면 매우 착한 아이로 보이지만 괴롭힘을 당해도 마음 아파하지 않습니다.

왜 "싫어싫어 뇌"를 소 중 히 여겨야 하나?

엄마와 아이들이 산책을 하고 있습니다. 세 살 정도의 아이들이 저편에서 득의양양하게 달려옵니다. 10미터 정도 뒤에서 엄마들이 이야기하면서 걷고 있었습니다. 앞서가던 한 남자아이가 아스팔트 도로에 내동댕이치듯 넘어져 버렸습니다. 뒤따라오던 엄마는 절묘한 타이밍에 아이를 향해 "아프지 않아!"라고 외칩니다. 아이가 얼굴을 일그러뜨리며 간신히 일어나자 "대단한데!"라고 엄마들의 칭찬을 받게 됩니다. 그러자 아이는 아무 일도 없었던 것처럼 일어나 다시 껑충껑충 뛰며 달려갑니다. 엄마들은 흐뭇한 표정으로 수다를 계속 이어갑니다. 이때 아이의 머릿속에서는 무슨 일이 일어나고 있을까요. 아이는 아스팔트 도로에 세게 넘어졌습니다. 당연히 부딪친 무릎에는 통증이 발생합니다. 통증은 원래 신체를 돌보기 위해 필요한 것으로 '착한 뇌'에 전달하는 중요한 기능을 담당하고 있습니다.

무릎을 부딪혀 생긴 통증 신호는 척추 속의 신경을 통해서 싫어싫어 뇌에 전달됩니다. 싫어싫어 뇌는 '아파요', '싫어요'라고 하는 정보를 착한 뇌에 전달하여 판단을 합니다. 미숙하기 때문에 스스로 판단을 할 수 없는 아이의 착한 뇌는 엄마의 목소리를 듣고 있습니다. 귀로 들은 엄마의 목소리가 착한 뇌에 도달하면 착한 뇌는 싫어싫어 뇌에게 '아프지 않아요'라고 전달합니다. 다음 페이지의 그림5는 이런 일이 일어나고 있는 뇌의 상황을 보여주고 있습니다. 건강한 아이의 뇌는 서로 상충되는 정보를 처리할 수 없기 때문에 통증으로 눈물을 펑펑 쏟아냅니다. 아파서 걸을 수 없다고 울부짖습니다. 싫어싫어 뇌의 생명을 지키기 위한 기능이 제대로 작동하고 있는 건강한 상태라도 말할 수 있습니다.

그러나 엄마가 "아프지 않아!"라고 말하면 아이의 착한 뇌가 '아프지 않아'라고 지시를 하고 싫어싫어 뇌는 '알겠습니다. 이것은 아프지 않군요'라고 반응하여 아프지 않는 것처럼 신호를 변경해 버립니다. 이것을 전문적으로는 '일차 해리 반응'이라고 합니다. 이와 같은 일이 일상적으로 일어나면 그림4(23쪽)처럼 싫어싫어 뇌는 억눌리고, 이것이 정착되어 버립니다. 부모는 아이가 울거나 칭얼거리지 않기를 원하고, 아이는 부모를 만족시키기 위해 자신의 두뇌 반응을 바꾸어 버립니다. 아이는 부모에게 사랑 받아야 살아갈 수 있는 존재이기 때문입니다.

지금까지 싫어싫어 뇌와 착한 뇌의 기능을 통해 참는 힘이 어떻게 발달하는지 설명하였습니다. 다음 장에서는 싫어싫어 뇌가 실제로 어떤 행동을 유발하는지 구체적으로 살펴보겠습니다.

▼ 그림5 '아픈 느낌은 안 되나?'라는 혼란

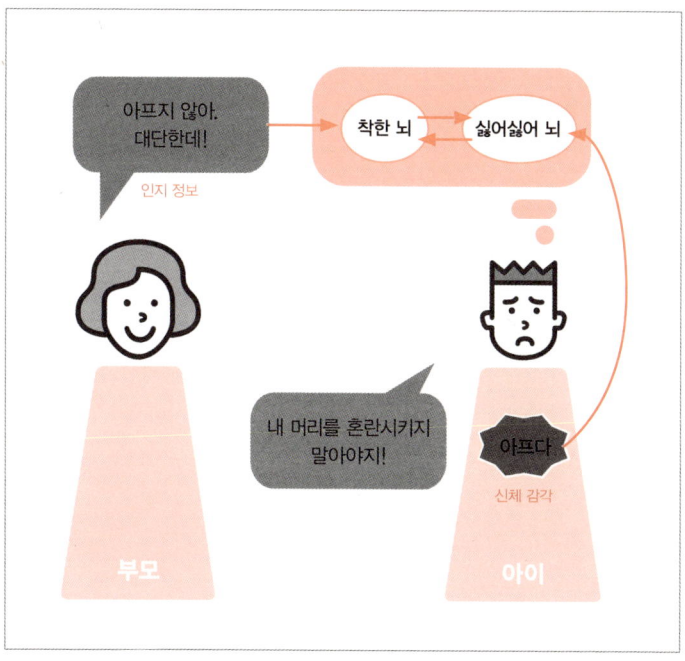

오늘도 우리 아이는 "싫어"라고 떼쓴다

- 제2장 -

'싫어싫어 뇌'의
다섯 가지 역할

 이번 장에서는 1~2세의 아이를 둔 엄마들의 질문에 답해 보고자 합니다. 이 시기의 싫어싫어 뇌의 중요한 임무가 엄마들에게는 곤란하게 느껴질 수도 있습니다.

Q&A ❶

하나. 메스꺼움의 역할

신체의 신호와 의사소통

Q 모처럼 만든 음식을 먹지 않아서 열심히 먹이려고 하면 구역질이 나는 듯 먹지 않으려고 하네요. 일부러 그러는 것이 아닌가 싶을 정도로 매번 짜증납니다. 13개월

A 메스꺼움도 나름의 역할이 있습니다. 먹지 않는 것을 통해 신체를 지키는 작용입니다. 싫어싫어 뇌는 항상 생명을 지키기 위해 일하고 있습니다. 어른도 상한 것을 입에 넣으려고 하면 구토를 하려고 합니다. 생리적인 반응으로 우리의 착한 뇌는 '이것을 먹으면 안 되는 것이다'라고 인식합니다. 싫어싫어 뇌는 사실 매우 화가 난 상태입니다. 하지만 '모처럼 만든' 맛있는 음식을 두고 아이가 구토를 하기 때문에 엄마는 실망을 하고 마음이 초조해집니다. 어른도 자신의 몸 상태가 좋지 않을 때에는 좋아하는 음식이어도 메스꺼움을 느낄 수 있습니다. 메스꺼움은 식사가 맛있는지의 여부가 아니라 신체의 상태를 나타내는 것입니다. 그러므로 아이가 음식을 거부하면 '지금은 받아들이지 못하는구나'라고 여기며 아이의 몸 상태를 확인하고 강요하지 않는 것이 중요합니다. '싫어싫어 뇌'가 생명을 보호하기 위해 제대로 일하고 있다는 것을 인정하고 기다리면 그 사이에 조정이 되기 때문에 5분 후에는 아이가 입을 "아" 하고 벌리게 될 것입니다. 아이

의 몸을 제대로 보고 신체의 신호를 들어 주는 것이 중요합니다. 이것이 의사소통입니다.

아이가 단어를 말하기 전부터 부모와 자식은 신체의 반응을 통해 커뮤니케이션하고 있습니다. 억지로 먹이려고 하면 더 구역질이 납니다. 자신의 경우를 비추어 생각해 보면 알 수 있습니다. 질문처럼 매번 그런 식이라면 이미 악순환이 되었을 가능성이 있습니다. 메스꺼움이라고 하는 것은 잠깐만 기다려 달라는 신체의 신호입니다. 이를 무시하면 싫어싫어 뇌는 필사적으로 저항을 계속할 수밖에 없습니다. 그렇게 되면 밥 먹는 행위 자체가 긴장을 고조시키기 때문에 조건반사적으로 메스꺼움을 느끼게 됩니다. 아이가 음식을 제대로 소화하기 위해서는 즐거운 분위기에서 천천히 먹는 것이 필요합니다. 구토를 일부러 하는 것이 아니며 '싫어싫어 뇌가 제대로 작동하고 있네' 하고 여기고 여유를 보이는 것이 필요합니다. 아이는 식탁에서 엄마의 웃는 얼굴을 보면 음식을 더 잘 먹을 수 있게 됩니다.

아이가 구토를 하면 자신을 부정하는 것 같아 엄마는 표정이 굳어 버리게 될지도 모릅니다. 메스꺼움은 생리 현상이므로 엄마와 엄마가 만든 요리를 부정하고 있는 것은 아닙니다. 모처럼 만든 음식을 먹지 않으니 엄마로서 실망하는 것은 당연한 일이지만 엄마를 실망시키지 않기 위해 아이가 억지로 음식을 삼켰다면 그것은 아이의 발달에 좋지 않은 영향을 끼치게 됩니다. 엄마는 실망하기보다는 눈을 돌려 아이의 상태를 보기 바랍니다. 구역질만 하고 먹지 않으려고 하는 경우도 동일합니다.

Q&A ②
둘. 불안의 역할

아이가 "엄마가 아니면 싫어"라고 말하는 것은
제대로 기르고 있다는 증거

Q 생후 10개월부터 잠깐이라도 아빠 품에 안기면 울려고 합니다. "엄마가 아니면 안 돼"라며 울기를 멈추지 않아서 아빠가 있어도 육아 부담이 줄지 않습니다. "엄마가 아니어도 괜찮아"라고 말하면 아기는 "앙" 하고 더 크게 울면서 나자빠집니다. 육아를 남편과 같이 좀 더 동등하게 하고 싶습니다. 13개월

A 아이가 엄마를 가장 먼저 찾는 것에는 깊은 의미가 있습니다. 엄마는 아이를 낳은 사람입니다. 그래서 아이는 엄마랑 함께 있으면 안심을 합니다. 엄마가 생명을 주었고 배 속에서 키웠기 때문에 생물학적으로 연결되어 본능적으로 그렇게 됩니다.

10개월 정도가 되면 다른 사람을 인식하는 능력이 발달합니다. 엄마 외의 다른 사람을 인식할 수 있게 되면서 불안이 싹트게 됩니다. 아이는 불안할 때 엄마가 있으면 안심을 합니다. 좀 더 자라서도 두 살이 되기 전에는 졸리거나 피곤하거나 배가 고프거나 몸이 왠지 좋지 않을 때, 새로운 상황에 불안을 느끼는 일이 조금만 생겨도 이를 대처하기 위해서 엄마

를 필요로 합니다. 엄마랑 함께 있으면 안심이 되는데 이러한 관계를 1장에 언급한 바와 같이 전문적인 용어로는 '애착 관계'라고 합니다. 사실 유아기에 애착 관계가 제대로 구축돼야 "엄마가 아니면 싫어"라는 강한 자기주장이 나오게 되는 것입니다. 그래서 "엄마가 아니면 싫다"라고 아이가 말하는 것은, '안심하세요. 아이가 좋은 방향으로 성장하고 있어요'라는 의미입니다. 영아기에 아이를 침대에 방치해 놓는다면 그런 환경에서 성장한 아이는 돌이 지나도 엄마에 대한 애착을 보이지 않습니다. 자기를 돌봐주기만 하면 엄마가 아니어도 상관없다는 반응을 보입니다. 애착 관계는 감정 조절의 기초를 형성하기 때문에 매우 중요합니다. 아기는 불안할 때 엄마와 있으면 안심이 되고, 싫어싫어 뇌와 착한 뇌 사이에 소통의 폭이 넓어집니다.

좀 더 육아를 동등하게 하고 싶은 바람이 있겠지만 지금은 그럴 시기가 아니라는 것을 알 것입니다. 과도기가 길다고 느껴지겠지만 아이가 엄마가 아니면 안 되는 시기는 금방 지나가기 때문에 '아이가 건강하게 성장하고 있구나'라고 생각하며 이 시기를 즐겼으면 합니다. 자신의 품 안에서 아이가 안심을 하고 있을 때의 감각을 느껴 보세요. 엄마와 아이가 편안하게 즐길 수 있도록 아빠와 주변 사람들이 도움을 주면 원만하게 해결될 것이라 생각합니다. 울고 있는 아이가 엄마 품 안에서 울음을 멈출 수 있는 환경을 제공해 주기 바랍니다. 엄마와 함께 있고 싶은 바람을 주변에서 인정해 주면 아이는 아빠를 편안하게 생각하고, 엄마가 아니면 안 된다는 감정은 약해집니다. 아이가 말을 배우고 상황을 이해하면 불안을 억누르는 것이 가능해집니다.

질문에는 "엄마가 아니라도 괜찮아"라고 말해 아이가 크게 울었다고 했는데, 이 상황에서 엄마가 안아 주지 않으면 아이도 불안이 커져 악순환에 빠져 버립니다. 만약 엄마가 손을 뗄 수 없는 상황이라 아빠나 조부모가 아이를 안으면, 엄마가 아닌데도 아이는 "엄마가 좋아. 엄마를 좋아해"라고 말하면서 자신의 기분이 받아들여진다고 느끼면서 안정이 되기 때문에 빨리 울음을 그치게 됩니다. 아이가 편안해하는지 관심을 갖는 것이 중요합니다. 사실 아이를 돌보는 데 있어 엄마가 모든 것을 해야만 하는 것은 아닙니다. 하지만 아이에게는 엄마를 가장 먼저 찾는 감정이 있고, 그것이 매우 중요하다는 것을 알고 있어야 합니다. 아이는 자신의 기분을 누군가 알아주고 있다고 느끼면 안도감이 높아집니다.

엄마는 임신, 출산과 같은 큰일을 겪었기 때문에 아이에게 '엄마가 우선'이라는 영예를 받을 권리가 있습니다. 그 행복한 시기를 즐겨 보세요. 아빠도 우선순위를 엄마에게 주기 바랍니다. 절대로 엄마와 싸워서 아빠가 일 순위가 되려고 하지 마세요. 엄마는 목숨을 걸고 아이에게 생명을 준 사람이기 때문에 아빠와 똑같다거나 오히려 아빠가 육아를 잘한다는 말을 들으면 몰래 깊은 상처를 받습니다. 이 시기에 아빠의 역할은 엄마와 자녀의 관계가 원만하게 진행될 수 있도록 지원하는 것입니다. 그것이 가정 내에서 아빠의 존재감을 확실하게 높이는 일입니다.

Q&A ❸

셋. 공포의 역할

아이가 "무섭다"고 말할 수 있는 것은 성장의 증거

Q 걷기 시작한 것은 11개월 정도로 빠른 편이었습니다. 운동 신경도 좋아 미끄럼틀도 휙휙 잘 탔는데 20개월이 되더니 갑자기 "무섭다"를 연발하며 미끄럼틀에 올라가지 않습니다. 무섭지 않다고 격려하는데도 막무가내로 아이가 움직이지 않습니다. 〔20개월〕

A 이 상황은 아이가 무서움을 느낄 수 있고 그 감정을 말할 수 있을 만큼 성장했다는 것을 보여주고 있습니다. 공포에도 중요한 역할이 있습니다. 2층 창틀에 서 있다고 생각해 보세요. 다리가 움츠러들고 공포를 느낄 것입니다. 다리가 움츠러들고 공포를 느끼는 것도 '싫어싫어 뇌'가 기능을 하는 것입니다. 인간은 이러한 반응에 의해 신속하게 안전한 장소로 이동할 수 있습니다. 서 있는 곳이 지상 몇 미터인지를 인지하지 않아도 (착한 뇌의 영역) 반사적으로 위험을 감지하여 몸을 보호하는 행동을 취하게 되는데, 이는 싫어싫어 뇌가 작동해서 공포를 느끼기 때문입니다.

걷기 시작한 활발한 아이가 미끄럼틀을 휙휙 잘 타는 것은 두려움을 느껴 자신의 몸을 보호하는 기능이 아직 제대로 발달하지 못했기 때문입니다. 그 시기 엄마는 눈을 떼지 못하고 아이의 안전을 지켰을 것입니다. 커가면서 아이는 스스로 자기의 몸을 지킬 수 있는 능력을 개발합니다. 그 결과로 두려운 느낌이 들면 무섭다고 자기주장을 할 수 있게 됩니다. 아이가 훌륭하게 자란 것입니다.

이런 경우에는 "무섭다고 잘 이야기했네"라고 해 주세요. 자신의 몸 안에서 쏟아져 나오는 감정을 엄마에게 인정받으면 아이는 안심합니다. 마음을 편하게 가지면 공포가 가라앉습니다. 때가 되면 다시 도전하게 되고 자신이 안전하다고 생각하는 범위에서 움직이기 시작합니다.

놀이터 정글짐에서 아이를 1단에 태우고 "여기는 무섭니?", "무섭지 않지?", "좋았어. 여기는 안전해. 그치?" 하는 식으로 대화를 주고 받으세요. 유아기에 무서운 기분과 안심하고 안전한 느낌을 제대로 인식할 수 있게 하는 것이 매우 중요합니다. 토끼를 만지는 것이 무섭다면 아이가 안심하고 볼 수 있는 거리에서 견학하게 합니다. "여기는 무섭니?", "무섭지 않지?", "자, 그럼 여기서 보면 되겠다. 여기는 안전해" 하고 말하고는 지켜보게 합니다. 안전하다고 느끼면서 무서운 것과의 거리를 정확하게 배우면 점점 무서움이 없어집니다. 싫어싫어 뇌의 기능을 확실히 존중하며 아이를 기르는 것은 감정 제어 능력을 키우기 위해 매우 중요합니다. 절대로 억지로 만지게 해서는 안 됩니다.

아이가 자라고 나서의 다양한 공포증은 2세 때의 경험을 기반으로 하는 것이 많습니다. 자신의 몸을 지키기 위해 발달한 공포심을 나타내는 단계에서 그 두려움을 주위에서 인정하지 않고 "무섭지 않을 거야", "열심히 해"라며 무서운 것을 억지로 시킨다면 나중에 성장해서 공포증이 생기게 됩니다.

질문에서 "무섭지 않다"며 격려하고 있다고 했지만 이것은 1장에서 "아프지 않아"라고 한 예와 동일한 것입니다. 신체 감각이나 감정을 부정하면서 조절하는 방법은 옳지 않습니다. 엄마, 아빠는 아이가 무섭다고 할 때 "무섭다고 말할 수 있으니 훌륭해"라고 말해 주기 바랍니다. 무섭다고 말하는 아이의 감정을 존중하고 인정해 주면서 안심시켜 주세요. 마음이 편안해지면 자연스럽게 무섭지 않게 됩니다. 아이는 날마다 성장하고 있습니다. 오늘은 무서워해도 내일은 괜찮아질 것입니다.

Q&A 4
넷. 아픔의 역할

"아픔아 아픔아 사라져라"
고통의 승인과 공감

Q 아이가 넘어졌을 때 "아팠어? 괜찮아"라고 말하자마자 "으앙" 하면서 크게 울어 버립니다. 좋은 말로 위로해 주고 싶지만 부드럽게 하면 눈물을 펑펑 쏟아내니 "아프지 않아", "아무것도 아니야"라고 말하게 됩니다. 그럼 안 되는 건가요? 26개월

A 분명히 아이는 공감을 해 주면 울기 시작할 것입니다. 울면 부모가 어쩔 수 없이 안아 주고 달래 주게 됩니다. 그것이 좋지 않을까요? 주위에 폐를 끼치기 때문에 좋지 않다고 생각하기 쉽지만 아이의 발달에 필요한 부분입니다.

아이는 엄마의 공감을 받으면 걱정을 떨쳐 버리고 마음이 편해져 울게 되면서 안전한 상태가 됩니다. 이것은 장래에 불편한 감정이 생겼을 때 제어할 수 있는 능력의 기초를 제공합니다. 그래서 우는 것이 중요합니다.

물론 상황에 따라 달라집니다. 별다른 상처 없이 넘어지는 경우도 있을 것이고, 부상을 당한 경우도 있을 것입니다. 살짝 넘어졌을 때 아이가 태

연하게 있으면 괜찮지만, 아이가 과장되게 아프다며 소리치는 경우도 있습니다. 어떻게 해서든 엄마가 안아 주기를 바라는 것이 빤히 보입니다. 그럴 때 일본에서는 '아픔아, 아픔아 사라져라'라는 훌륭한 방법이 있습니다. "아프지 않아. 아프지 않아"라고 말하는 경우와 "아픔아, 아픔아 사라져라"라고 하는 것, 둘 다 "별일 아니니까 괜찮아"가 목적이지만 방향성은 반대입니다.

"아픔아, 아픔아 사라져라"는 아이의 아프다는 호소 즉 싫어싫어 뇌의 주장을 일단 승인하고 있는 것입니다. "사라져라"라는 말은 싫어싫어 뇌의 기능을 부정하는 것이 아닙니다. 별일 아닌 상황에서 발휘할 수 있는 육아의 지혜입니다. 당연한 말이지만 심각한 부상의 경우에는 아픔에 공감하지 않는 것으로 여겨질 수 있어 적절하지 않습니다.

다음은 제가 길거리에서 본 싱면입니다. 자전거 안장 앞 어린이용 의자에 아이가 타고 있었고, 엄마는 자전거를 멈춘 상태였습니다. 기우뚱한 순간 자전거가 넘어지면서 아이는 그대로 자전거와 함께 쓰러졌습니다. 자전거와 함께 일어난 아이는 한마디도 말을 하지 않고 눈만 좌우로 움직이며 그대로 자전거에 앉아 있었습니다. 마침 지나가던 길이라 여기저기 흩어진 물건 줍는 것을 도와주다가 눈에 눈물이 그렁그렁한 아이의 상태를 보고 무심코 "엄마가 안아 주지 그래요"라고 말해 버렸습니다. 엄마 입장에서는 멋모르는 아줌마의 쓸데없는 참견으로 보일 수 있습니다. 그런데 아이 엄마는 "아이가 울고 있지 않은데요. 괜찮습니다"라고 말하며 떠났습니다.

이 상황에서 엄마가 "아, 무서웠겠네! 아프겠다. 그치? 미안해" 하며 아이를 안아 준다면 "으앙" 하며 울기 시작할 겁니다. 아이는 울겠지만 반드시 필요한 과정입니다. 갑자기 자전거가 넘어졌으니 아이가 공포를 느끼는 것은 당연합니다. 두려운 나머지 감정과 감각이 굳어 버려 소리를 낼 수도 없고 두 눈만 좌우로 움직입니다. 이 상태로 그냥 내버려 두는 것은 부상당한 마음을 방치하는 것과 같습니다. 나중에 아이가 자라면 공포증이나 '외상 후 스트레스 장애 PTSD : Post Traumatic Stress Disorder'의 원인이 될 수 있습니다. 엄마가 공감하면서 "무서웠지? 아프겠다"라고 말하면 아이는 안심을 하고 엄마의 공감에 반응하여 '싫어싫어 뇌'의 고정이 풀리면서 울게 됩니다. 아이는 엄마의 팔에 안겨 우는 것을 통해 걱정을 떨쳐 버리고 편안한 상태로 되돌아갈 수 있으며, 아이는 마음의 상처를 받지 않고 살아가게 됩니다. 그래서 아이에게는 엄마한테 제대로 안겨서 우는 것이 중요합니다. 엄마가 안아 주는 스킨십이 아이에게 안정감을 가져다 주기 때문입니다.

Q&A 5
다섯. 분노의 역할

짜증을 안전하게 일으키는 발상

Q 조금이라도 마음에 들지 않으면 뒤로 나자빠지면서 짜증을 내니 어떻게 해야 좋을지 정나미가 떨어질 지경입니다. 바지를 입고 싶지 않다든가, 목욕하기 싫다든가, 밥에 간장을 치고 싶다든가, 잠옷으로 갈아입고 싶지 않다고 하면서 엎어져서 발버둥 치니 폭발할 지경입니다. 말을 해도 알아듣지 못하는 나이인 걸 아는데, 그렇다고 아이가 하는 대로 놔두자니 생활이 엉망이 되어 버리기 때문에 엄마, 아빠는 매일매일 울고 싶은 심정입니다. 23개월

A 이 시기의 짜증은 '싫어싫어 뇌'가 발달해서 생기는 것입니다. 아직 싫어싫어 뇌와 착한 뇌가 균형이 이루고 있지 않기 때문에 이치를 받아들이는 것이 가능하지 않은 시기입니다. 조금씩 자아(자신이 이렇게 하고 싶다고 말하는 기분)가 성장하기 시작하는 1~2세의 아이는 자신의 뜻대로 되지 않으면 싫어싫어 뇌에서 분노의 에너지가 방출됩니다. 이 나이 아이들의 '이렇게 하고 싶다'는 요구를 어른들은 이해하기 힘듭니다. 단순히 벗고 싶다든가, 소형 용기에서 간장에서 나오는 것을 보고 싶다든가 혹은 휴지상자에서 자꾸자꾸 휴지를 뽑고, 신발을 신고 싶지 않다는 등 질문 그대로입니다. 하지만 그 욕망은 아이들의 지적 호기심과 주체성의 원

천이 되는 소중한 마음입니다. 짜증이 많은 아이는 건강한 에너지가 많은 아이입니다. 그래서 다루기 어렵지만 이와 같은 능력 덕분에 나중에는 즐거운 일도 생깁니다.

먼저 이런 상태는 언제나 있다는 것, 짜증을 내는 것 자체가 나쁜 일이 아니라는 것을 알아 두면 악순환에 빠지지 않습니다. 대응하기 위한 요령은 아이가 안전하게 짜증 내게 하는 것입니다. 필사적으로 짜증을 내는 아이는 여기저기 머리를 부딪치려 하고, 또한 분별이 없는 상태이기 때문에 위험합니다. 때문에 부모는 결사적으로 짜증을 멈추게 하려고 합니다. 멈추게 하려고 할 때마다 자신 모르게 이유를 말해 버립니다. "잠옷을 입지 않으면 감기에 걸려요", "바지를 입지 않으면 창피하잖아" 등 말해도 이해하지 못하는 나이라는 것을 알면서도 그렇게 말하기 쉽습니다. 아이는 말의 의미나 내용을 이해하지는 못해도 분위기상 자기의 주장이 받아들여지지 않는다는 것을 알고 있습니다. 그래서 더 폭력적입니다. 좀처럼 제어가 되지 않으면 부모는 공포를 조성해서라도 억누르려고 하고 그러다 보면 악순환에 빠지게 됩니다.

지금까지 말한 바와 같이 아이는 자신의 기분을 공감 받으면 싫어싫어 뇌가 안정감을 느껴 쉽게 누그러집니다. "잠옷을 입지 싶지 않구나. 그래서 화가 난 모양이구나"라고 말을 걸어 주세요. 아이가 그 의미를 이해하지 못해도 '싫어싫어 뇌'는 감정을 느끼고 이해할 수 있습니다. 그리고 아이가 엎어질 때 다치지 않도록 안전 대책을 마련합니다. 집이라면 머리를 부딪칠만한 곳에 쿠션을 두어 아이가 짜증을 내도 다치지 않도록 해 주세요. 어른이 융통성을 보이면 아이가 안정을 느껴 제어가 잘됩니다. 흥분 상태가 조금 가라앉으면 아이를 안아 주고 물을 먹이면서 "싫었겠구나"라고 공감을 표현해 주세요. 이런 식으로 아이와 관계를 형성하면 욕구 불만 상황에서 마음이 안정되어 편안한 상태로 유지하는 것이 가능하게 되고, 학령기가 되었을 때는 짜증을 내지 않게 됩니다. 그렇지만 1~2세의 단계에서 악순환에 빠지면 학령기가 되어서도 계속해서 짜증을 내는 일이 생깁니다. 학령기에는 짜증을 참지 못하고 금방 성내며, 폭언을 동반하게 됩니다.

악순환은 두 가지 유형이 있습니다. 첫 번째는 아이를 질책한 결과 그에 반응하여 한층 격한 짜증을 일으키는 것을 반복하는 유형입니다. (그림 3. 22쪽 참고) 다른 하나는 아이를 질책한 결과로 부모 앞에서는 얌전하고 짜증을 내지 않지만 어린이집(유치원)이나 학교에서는 짜증을 내기도 하고, 친구들을 괴롭히거나 괴롭힘 당하는 유형입니다. 어떤 유형이든지 짜증 내는 아이를 혼내면 악순환을 유발합니다. 싫어싫어 뇌는 편안함을 느끼지 못하면 패닉 상태가 됩니다.

짜증을 내는 것은 건강하다는 의미로 생명을 유지하기 위한 싫어싫어 뇌가 제대로 발달하고 있다는 증거입니다. 어른들이 융통성을 가지고 아이가 짜증을 낼 때 '다치지는 말아야 할 텐데' 하는 마음으로 지켜보고 있으면, 아이를 안아 줄 타이밍을 발견할 수 있습니다. 아이가 양손을 벌릴 때가 기회입니다. 안아 준 다음에는 물을 마시게 합니다. 수분이 보충되면 뇌 안에서 정보가 쉽게 흐르게 되어 아이를 달래는 것이 수월해집니다.

짜증이 가라앉으면 '짜증아, 고생했다. 수고했어'라고 말할 수 있는 기분이 됩니다.

아이가 어른이 되었을 때 제대로 '분노'의 감정을 가질 수 있는 것은 자신의 인권을 보호하기 위해 매우 중요합니다. 인권을 침해 받았을 때 제대로 분노의 감정이 자극되어 화에 반응할 수 있도록 자녀를 양육해야 합니다. 폭력이나 왕따를 당했을 때, 그것에 대해 제대로 화를 낼 수 있는 것이 싫어싫어 뇌의 중요한 기능입니다.

싫어싫어 뇌의 역할을 이해하는 데 좋은 훌륭한 영화가 있습니다. 『인사이드 아웃(Inside Out. Pete Docter 감독, 디즈니픽사, 2015)』이라는 디즈니 애니메이션 영화입니다. 기쁨이, 슬픔이, 버럭이, 까칠이, 소심이의 의인화된 5가지 감정이 소녀들의 기억과 행동에 어떻게 영향을 미치는지를 그린 영화입니다. 감정을 의인화한 판타지이지만 감정의 뇌 기능의 정확한 근거를 바탕으로 제작되었기 때문에 불쾌한 기분의 필요성을 즐겁게 이해할 수 있는 수작입니다.

카운슬러 엄마의 에세이 1

이유식을 좀처럼 먹지 않아서 조바심이 나고 맥 빠지게 하는 아이
- 야마시타 리사 -

자녀를 기르는 데 있어 식사 문제만큼 머리 아프고 고민스러운 것이 없다고 많은 엄마들이 토로합니다. 저도 그중 한 명입니다. 저희 딸은 이제 한 살 반입니다. 처음 1개월간은 순조롭게 체중이 증가했는데 4개월째 진료를 받으러 갔더니 보건사 옮긴이 보건사는 간호사와 유사하지만 직무 내용과 활동 범위에 차이가 있다. 간호사는 병원에서 환자 치료를 보조하며, 보건사는 병의 예방을 목적으로 이와 관련된 업무를 수행한다. 보육사는 아동 복지시설에서 아이를 돌보는 사람을 일컫는다.가 2개월 이후에는 체중이 증가하지 않았다고 해서 그때부터 지금까지 정기적으로 병원에서 신체 측정과 검진을 계속해 오고 있습니다.

생후 5개월부터 이유식을 시작했는데 이유식을 잘 먹으면 체중이 늘 것이라 기대했지만 딸은 이유식에 그다지 흥미를 보이지 않았습니다. 모처럼 애써 만든 이유식을 아이가 먹지 않아 조바심이 나고 맥 빠지기도 하는데 어떻게든 먹여서 체중을 늘리지 않으면 안 되겠다는 생각에 식사 시간마다 애태웁니다. 한편으론 '체중을 늘리는 것이 그렇게 중요한 일일까', '지금은 먹지 않지만 때가 되면 먹고 싶겠지. 초조할 필요가 없어'라고 자문하고 있는 자신을 발견합니다. 식사 때마다 갈등하는데 이런 상태에서 아이가 잘 자랄지 불안합니다. 하지만 돌이켜 보면 식사 때 필사

적으로 '오늘은 제대로 먹게 해야지'라고 벼르면 아이는 먹지 않고 '오늘은 먹지 않아도 상관 없다'고 포기할 때 오히려 입을 크게 벌리고 덥석덥석 먹고 있는 것처럼 느껴졌습니다. 그러면서 엄마의 강압적인 분위기가 아이의 식사를 방해하는 요인이라는 것을 실감했습니다. 그렇게 생각한 후로는 먹은 양이 적더라도 딸의 기분이 내키지 않는 듯하면 일찌감치 먹이기를 포기하고 밥을 치웠습니다. 계속 먹이려고 버티고 있으면 엄마도 딸도 스트레스만 받을 뿐이고 결국 먹는 양은 크게 달라지지 않기 때문입니다. 지금은 많이 먹는 날이나 먹지 않는 날에도 "오늘은 이제 그만 먹자"라고 아이에게 이야기해 줍니다.

아이의 성장이 다소 지연되거나 평균에서 벗어나 있을 때 어머니로서 느끼는 '아이가 별 탈 없겠지'라는 감각을 믿는 것이 좋은지, 지금 하는 방식이 좋은지 어떤지 혼란스럽고 몹시 흔들릴 수밖에 없습니다. 솔직히 저 역시 지금도 딸이 또래에 비해 작은 것에 신경이 쓰이지 않는 것은 아닙니다. 가능하면 평균은 되었으면 좋겠다는 생각이 듭니다. 하지만 매일 건강하게 돌아다니고, 싱글벙글 웃는 얼굴로 있는 딸을 보고 있으면 어쨌든 엄마가 웃는 얼굴로 아이를 대하는 게 중요하다고 다시 한 번 느끼게 됩니다. 어느 가정이라도 아이를 웃게 하는 것은 엄마가 가장 잘할 것입니다. 앞으로도 여러 가지를 걱정하고 고민해야겠지만 눈앞에 있는 딸의 웃는 얼굴과 성장하는 힘을 믿고 저도 엄마로서 성장할 수 있었으면 합니다. 요즘 인형에게 밥을 주는 역할 놀이가 유행이라 딸은 식사 시간에 맘에 드는 인형에 둘러싸여 자신이 먹거나 인형에게 먹이는 시늉을 하면서 아주 천천히 밥을 먹고 있습니다.

오늘도 우리 아이는 "싫어"라고 떼쓴다

- 제3장 -

아이는 어떻게 '말'을 기억할까

이 장에서는 아이가 말로 표현할 수 없어서 곤란할 때의 대처 방법과 감정의 사회화를 촉진하는 의사소통을 실행하는 방법에 대해 설명할까 합니다.

"나 기뻤어"라고 말할 수 있게 되는 과정

아이가 세 살이 되면 "나 기뻤어"라고 말할 수 있다고 합니다. 아이가 자신의 경험한 감정을 말로 전할 수 있게 되는 과정을 '감정의 사회화'라고 합니다. 감정이 말과 연결되어 "기뻐"나 "슬퍼"라고 말할 수 있으면 그 감정을 다른 사람에게 이해시킬 수 있게 되기 때문입니다. 짜증을 내면서 손발을 버둥거리는 자녀에게 "말로 해, 말로 하지 않으면 알 수 없어"라고 무심코 말해 버리는 일이 있을 지도 모릅니다. 우리들은 감정을 언어로 말하는 것이 중요하다는 것을 모두 알고 있습니다. 그러면 아이는 어떻게 해서 자신의 감정을 언어로 말할 수 있게 되는 것일까요?

두 살 정도 된 아이를 그네에 태우고 뒤에서 밀어 주면 깔깔거리면서 크게 즐거워합니다. 바람이 기분을 좋게 하고 하늘이 흔들려서 아이의 마음은 들뜹니다. 그럴 때 엄마, 아빠는 자연스럽게 "우리 ㅇㅇ이가 기뻐하네", "즐거워하네" 하며 말을 할 것입니다. 자녀의 신체에 흐르고 있는 기쁨의 에너지를 엄마, 아빠가 느끼고 그것을 말로 바꾸는 의사소통이 자연스레 이루어지고 있습니다. 이렇게 해서 자신의 신체 안에서 일어나는 신체 감각(싫어싫어 뇌의 기능)을 "기쁘다", "즐겁다"라고 말로(착한 뇌의 기능) 결합하는 학습 능력이 생깁니다. 일상 속에서의 부모와 자녀 간의 의사소통을 통해 아이가 세 살이 되면 저절로 "기쁘다"라고 말할 수 있게 됩니다. 그것은 지금까지 3년간의 인생에서 경험했던 '기쁘다'는 신체 감각을 엄마, 아빠가 "기뻤다"라고 공감해 주었기 때문에 얻어진 능력입니다.

두 살짜리 아이가 놀이터에서 모래를 가지고 열심히 터널을 만들고 있습니다. 모래 놀이에 열중하면서 구멍을 파고 즐겁게 놀고 있는데 다른 아이가 와서 모래 삽을 가지고 갔습니다. 삽이 없어진 것을 깨달은 아이는 갑자기 급변하여 폭발해 버립니다. 모래를 흩뿌리며 분노를 표출합니다. 이런 상황에서 엄마, 아빠는 아이에게 어떻게 말할까요? 많은 경우 "이제 울지마", "화내지마", "여기 다른 삽 사용하자", "모두 사이 좋게 놀자"와 같은 말로 아이의 감정을 누그러뜨리려고 할 것입니다.

일본 사람은 비록 어린아이일지라도 자신의 분노를 표출하는 것을 용납하지 않는 경향이 강하고 다른 사람의 기분을 생각해서 자기를 조절할 수 있는, 즉 타인에 대한 배려를 중시합니다. 그러나 감정이 사회화 되기 위해서는 "분했겠구나", "엄청 화 났겠구나", "싫었겠구나", "화가 난 모양이네"와 같이 아이의 신체 감각을 어른이 먼저 짐작하고 언어화해 주는 의사소통이 필요합니다. "기쁘다", "즐겁다"와 같은 긍정적 감정에 대해서는 "기쁘겠네", "즐거웠겠다"라고 자연스럽게 말할 수 있는 반면 '분노', '슬픔', '불안' 등 부정적인 감정이 발생하는 장면에서는 "울지마", "화내지마", "싫은 것 따윈 없어"라고 응하는 경우가 많습니다. 감정의 사회화를 촉진하는 부모와 자녀의 의사소통은 어린 자녀의 '싫어싫어 뇌'와 '착한 뇌'를 연결하는 역할을 하고 있습니다. 신체로부터 끓어오르는 감정(싫어싫어 뇌의 기능)과 "기쁘다", "즐겁다", "슬프다", "화났다", "분하다"와 같은 말(착한 뇌의 기능)이 연결되어 "나 기뻤어", "나 분했어"라고 말을 하는 것이 가능해집니다.

그러면 다음에는 아이가 말로 표현할 수 없어서 곤란할 때의 대처 방법과 감정의 사회화를 촉진하는 의사소통을 실행하는 방법에 대해 이야기하려고 합니다.

Q&A ❻

이럴 때 어떻게 말을 하면 좋을까?

머리를 바닥이나 벽에 부딪치는 아이

Q 장난감을 가지고 잘 놀다가 다른 아이가 뺏어가면 머리를 바닥이나 벽에 부딪치거나 그대로 뒤집어져서 크게 울어버립니다. 분명 억울할 거라고 생각은 하지만 "머리를 부딪치지 않도록 해", "머리를 콩콩 하면 안 돼"라고 말해도 아이는 제어가 되지 않습니다. 15개월

A 어린 아이가 스스로 머리를 바닥이나 벽에 콩콩 부딪치거나 하면 엄마도 놀라 어떻게 하면 좋을지 모르게 됩니다. 그렇지만 "머리 부딪치지 않도록 해", "머리를 콩콩 하면 안 돼"라고 말하는 것은 '싫어싫어 뇌'에게 잘못되었다고 하는 것이기 때문에 아이는 보다 격한 반응 보입니다.

먼저 아이를 꽉 안아 주기 바랍니다. 그리고 "억울했구나", "집 짓기 나무 블럭을 빌려주고 싶지 않았지?", "빨간 나무 블럭이 아주 중요한 거구나" 등 아이의 싫은 감정을 확실하게 인정해 주는 것이 필요합니다. 그러나 아이에게 상처가 생겼을 때에는 바로 안아 주는 것이 곤란할지도 모릅니다. 장난감이 없어져서 아이가 울기 시작하자마자 엄마가 아이를 품에 안고 마음을 공감하는 말을 해 주면 아이가 자신의 몸을 상처 내는 일은 일어나지 않습니다.

아기가 자신의 몸에 상처를 내는 이유는 자신의 '싫다'라는 마음을 아무도 알아주지 않는다고 느끼기 때문입니다. '싫어싫어 뇌'에는 불쾌한 에너지가 넘쳐나는데 엄마의 품으로 뛰어들지 못하고, 혼자서 어떻게든 해결하려니 자신의 몸을 손상시키는 일이 발생하는 것입니다. 엄마가 두려워하지 말고 패닉 상태가 되어 있는 아이를 꽉 안아 주기 바랍니다. 엄마의 몸을 이용해 아이가 바닥이나 벽에 몸을 부딪치지 않도록 보호합니다. 자신의 불쾌한 기분을 엄마가 인정해 주면 안도감이 생기고 엄마의 품에 뛰어들어 자신의 기분을 받아들이게 됩니다.

이런 고민을 가진 엄마들이 최근 많지만 육아 선배인 친구로부터 "내버려 두면 돼. 그게 치료야"라는 충고를 듣고 방치해 두기도 하고, 정말 오래지 않아 아이가 치료 되었다고 하는 일도 자주 있습니다. 아이는 성장하면서 적응하기 때문에 '자신의 마음을 아무도 알아주지 않구나'라고 체념하며 그런 환경에 익숙해집니다. 이러한 적응은 좋지 않습니다. 말로 아이를 억제하지 말고 안아 주기 바랍니다. 그렇게 하는 것이 아이가 세 살이 되었을 때 말로 자신의 감정을 말로 표현할 수 있는 힘이 됩니다.

Q&A ❶
이럴 때 어떻게 말을 하면 좋을까?

거짓으로 우는 아이

Q 제 아이는 14개월이 되었는데 8개월 정도부터 가짜로 울곤 합니다. 배가 고프거나, 아프거나, 춥거나 할 때 우는 것은 이해가 가지만 단지 응석 부리고 싶다거나, 어쩐지 기분이 좋지 않다거나, 관심을 받고 싶을 때와 같이 특별히 신체적인 욕구가 있을 이유가 없는데도 우는 것은 가짜 울음이라고 생각합니다. 어떻게 하면 좋을까요? 13개월

A 이 질문은 아이가 성장에 따라 여러 가지 울음이 나타난다는 것을 가르쳐 주고 있습니다. 유아기의 초기엔 배가 고프거나 기저귀가 젖어 기분이 나쁘다거나, 덥거나 춥다든지 하는 신체적, 생리적인 욕구 때문에 우는 경우가 대부분입니다. 그러나 감정이 발달하면서 단지 응석을 부리고 싶다거나, 왠지 불쾌한 기분이 든다든지, 관심을 받고 싶을 때 엄마와의 관계를 요구하는 울음이 생깁니다. 이것은 가짜 울음이 아니라 아이가 발달을 해서 그런 것입니다. 싫어싫어 뇌도 발달과 함께 보다 복잡한 욕망을 표현하게 됩니다. '가짜 울음'이 가능한 것은 한층 더 착한 뇌가 발달했기 때문입니다.

질문은 신체적, 생리적인 울음에 대해서는 그 욕구를 만족시켜 주는 것

이외에 응석 부리고 싶다거나 기분이 좋지 않다거나, 관심 받고 싶다 등의 이유로 우는 것에 대해서는 어떻게 하면 좋을지 모르겠다는 것입니다. 유아기에 있어서 운다는 것은 의사소통입니다. 응석 부리고 싶은 기분에 응애응애 하고 울면, 엄마는 직관적으로 그것은 응석 부리고 싶어서 우는 것이라는 것을 알 수 있습니다(이것을 이해했기 때문에 가짜 울음이라고 느끼는 것입니다). 응석 부리기 위해 우는 것을 알았다면 "너 응석 부리고 싶구나? 잘 알았어요"라고 아이에게 말합니다. 그럼 아이는 '응석 부리고 싶었구나. 엄마랑 함께 있고 싶은 거네'라고 느낍니다. 싫어싫어 뇌는 공감을 받으면 안심해서 빨리 평온해집니다. "우리 아기 기분이 좋지 않은가 보네요", "엄마랑 놀고 싶은 거지요" 하며 싫어싫어 뇌에서 나오는 넘치는 에너지를 말로 옮겨서 아이가 호소하는 기분을 인정해 줍니다.

기분을 인정해 준다는 것은 아이가 말하는 대로 끌려다니는 것과는 다릅니다. 바빠서 손을 놓을 수 없을 때는 아이와 공감은 하지만 방치해 두는 것도 필요합니다. "곧 안아 줄게" 하고 말하면서 아이가 울게 놔둡니다. 어떤 것이 좋은지는 엄마의 감에 따라 판단합니다. 예를 들면, 저녁밥을 하려는데 아이가 엄마에게 관심을 보여 달라며 울고 있습니다. 아이가 울면 엄마는 밥을 할 수가 없습니다. 계속해서 아이와 함께 놀아 주지 않으면 안 될 것 같은 기분을 느끼면, 육아는 중노동이 되어 버립니다. 저녁 식사를 준비해야 하는 시간에는 밥을 합니다.

이것은 제대로 된 생활을 하기 위해서 매우 중요합니다. 부엌은 위험하기 때문에 엄마의 모습이 보이는 곳에 베이비 서클 옮긴이 아이가 안전하게 놀 수 있도록 만든 조립식 목책을 가져다 놓고 그 안에다 아이를 두는 등의 궁리를 하고 식사 준비를 합니다. 아이가 관심을 가져 달라며 울지도 모릅니다. 그러면 엄마는 얼굴을 잠깐씩 보여 주면서 "엄마 밥 하고 있어요"라던가, "놀고 싶구나. 잠깐만 기다려 봐", "기분이 안 좋은 거야?"라고 말을 걸면서 아이에게 칭얼거리며 울 자유를 주는 것이 중요합니다.

울게 해서는 안 되며, 빨리 울음을 그치게 해야 한다고 지나치게 생각하지 않는 것이 아이가 적당히 울고 자연스레 울음을 멈추는 방편이 됩니다(아이의 울음에 대해 적절하게 반응하는 엄마에 대해서는 6장에서 다룹니다.). 아이가 우는 방법으로 신체가 표출하고 있는 메시지를 엄마가 짐작하고 말로 확인해 주면서 의사소통을 하면 감정의 사회화를 촉진하고, 아이는 나이에 맞는 감정 조절의 힘을 기르게 됩니다.

Q&A 8
이럴 때 어떻게 말을 하면 좋을까?
졸릴 때 아프다고 하는 아이

Q 어떤 일이라도 아프다고만 해서 난감합니다. 예를 들어 졸려서 찡얼거린다고 생각했을 때에도 아이는 아프다고 합니다. 아무데도 아픈 데가 없는데 말입니다. 아픈 게 아니라고 몇 번이나 가르쳐 주었지만 쉽게 고쳐지지 않습니다. 11개월

A 이 나이 때는 입에서 나오는 말과 아이가 하고 싶은 말이 일치하지 않는 경우가 많습니다. 말을 기억하는 중이기 때문입니다. 'Q&A 7 거짓으로 우는 아이'에서 우는 행동 자체가 아이가 전하는 메시지가 있다고 했습니다. 아이가 무엇을 표현하고 싶은지 가장 잘 보여 주는 것은 아이의 신체로부터 나오는 메시지입니다.

질문에 졸려서 찡얼거린다고 생각할 때가 있다고 했습니다. 엄마가 그렇게 관찰했다면 아이는 졸린 상태에 있는 것입니다. 이 나이에는 단순한 소리와 개념을 유사하게 기억하고 있는 경우도 많이 있습니다. '졸리다'와 '아프다'도 모두 포옹을 요구하는 상황이기 때문에 틀려도 이상하지 않습니다. 그러니까 엄마는 아이가 아프다고 하면 그 상황으로부터 졸린 것인지를 판단하여 "우리 아기 잠이 오는 모양이구나"라고 말하며 안아 주

거나 "졸려, 졸리네요"라고 말해 주는 것이 좋습니다. 아이는 그런 경험을 통해 '졸리다'는 신체 감각을 "졸리다"라는 말로 바꾸고, "졸리다"와 "아프다"는 말의 연결고리가 끊어지면서 이것을 수정합니다. "아프지 않잖아"라고 착한 뇌의 기능이 수정되어도 그것을 아직 이해할 수는 없습니다. 자신의 신체 감각과 연결된 말을 전하면 감정의 사회화 과정에 의해 말을 학습합니다.

질문에서 아이가 어떤 일이라도 아프다고 말한다고 하였습니다. 그러한 상황은 예를 들면 아이가 아프다고 말했을 때 엄마가 바로 안아 주었던 경험이 있어서 엄마에게 안기고 싶을 때 아프다고 말하면 된다고 학습한 배경이 있을지도 모릅니다. 즉, "안아 줘" 대신에 "아프다"고 말하는 것으로 생각할 수 있습니다.

말은 경험을 통해서 배우는 것입니다. 이러한 경우 아프다라고 호소하는 이면의 욕구를 짐작하여 그것을 말로 해 주면 아이가 말을 기억하게 됩니다. 신체 감각을 말로 연결시키면 싫어싫어 뇌와 착한 뇌 사이에 회로가 생기게 됩니다. 그렇게 교육이 되면 초등학교에 입학할 즈음에는 말로 인한 억제가 가능해집니다.

Q&A ❾
이럴 때 어떻게 말을 하면 좋을까?

오줌이 마렵지 않다고 하면서
오줌을 싸는 아이

Q 두 살이 돼 배뇨 훈련을 시작할 생각에 기저귀를 뗐습니다. 오줌을 참고 있는 듯 아이가 주저주저하는 모습을 보여서 "오줌 마려워?"라고 물어보면 "안 나와"라고 말을 합니다. 그래서 그대로 두고 상태를 지켜보면 결국 오줌을 싸 버리고 맙니다. "거 봐. 나오잖아"라고 말해도 안 나온다고 우겨 대는 바람에 짜증이 납니다. 25개월

A 아이의 정확한 의도는 신체 감각을 통해서 알 수 있다는 것을 먼저 말하고 싶습니다. 아이가 신체 감각으로 표현하는 것이 아이의 정확한 메시지입니다. 아이가 소변을 참고 있는 것처럼 주저주저하고 있으면 그것은 소변이 마렵다는 의미입니다. 아직 그 나이에는 자신의 신체 감각을 제대로 말할 수 없습니다. 말로는 오줌이 안 나온다고 했지만, "오줌 마렵지?" 하면서 화장실로 데려가 "자, 오줌 나온다 쉬" 하며 아이를 부드럽게 재촉합니다. 이것을 반복하다 보면 소변이 나오는 신체 감각이 "나온다"라는 말로 연결됩니다. 아이는 머지 않아 자신의 의지로 화장실을 갈지 말지 판단하는 것이 가능해집니다.

배뇨 훈련은 자신이 신체 감각으로부터 소변이 나오는 타이밍을 부모가 알아채서 "쉬~ 하자"라는 말로 연결시켜 주거나, 방에서 소변을 봤을 때 "오줌이 나왔네. 쉬~ 하고 나왔네" 하고 부드럽게 말을 해 주면 요의를 느끼는 신체 감각과 말의 연결이 촉진됩니다. 아이를 혼내면 공포심을 느껴 신체 감각과 말의 연결이 어려워지므로 부드럽게 말을 하는 것이 중요합니다.

착한 뇌가 발달한 어른은 서로 대화를 주고 받으며 생활하고 있습니다. 그래서 아이와 말을 주고받을 때도 아이가 오줌이 나오지 않는다고 하면 그렇게 생각해 버립니다. 질문자도 그렇게 생각하고 있는 것입니다. 하지만 이 나이의 아이의 발달 상태를 고려하면 아직은 어른의 말을 이해할 수 없습니다. 그래서 짜증을 내는 것입니다.

Q&A ⑩
이럴 때 어떻게 말을 하면 좋을까?
"죽어죽어"를 연발하는 아이

Q 아이가 뭐든지 싫다고 이야기합니다. 드디어 싫어싫어 시기가 왔나 각오를 하고 있었는데 "싫어싫어"가 아닌 "죽어죽어"를 연발하니 당황스럽네요. 그런 말은 하면 안 된다고 야단을 쳐도 심해지기만 합니다. 32개월

A 아이가 "싫어싫어"라고 하든 "죽어죽어"라고 하든 그렇게 외치는 이유는 자신의 몸이 불편하다는 것을 어른에게 전달하기 위해서입니다. 감정의 신체화가 이루어지기 위해서 아이는 자신의 몸에서 일어나고 있는 불쾌한 감정을 알아채고 적절하게 공감해 주는 어른이 필요합니다.

한 살부터 시작되는 아이의 "싫어싫어"는 그 배경에 불쾌한 감정이나 그와 동반하는 신체 감각이 있습니다. 어른들이 감정을 인정해 주면 아이의 싫어싫어 뇌는 안심을 하고 감정이 제어됩니다. "싫어싫어"가 아닌 "죽어죽어"라고 말을 하는 배경에는 싫어싫어 뇌로부터 넘쳐나는 불쾌한 감정을 어떠한 이유로 인정받지 못한 환경에서 아이가 자라왔다는 의미입니다. 어른에게 인정받지 못한 아이의 불쾌한 감정은 싫어싫어 뇌 안에서 잔뜩 압축된 상태로 억제되어 있습니다. 그것이 폭주할 때의 신체 감각과 일치하는 감각이 "죽어"라고 하는 말과 결부되어 이와 같은 일이 생깁니

다. 원래 이러한 감정은 "화났다", "슬프다", "외롭다", "분하다", "의기소침하다", "놀랍다" 등의 말로 공감을 받으면 분화되어 갑니다. 그러나 아이가 울고 있거나 꾸물거리거나 할 때 어른이 비난을 하고 관심을 보이지 않거나 공포 분위기를 만들면 아이의 불쾌한 감정이 받아들여지지 않고 억제됩니다. 그러다가 눌려 있던 불쾌한 감정의 귀신이 "죽어죽어"라는 말과 함께 폭발하게 됩니다. 그렇지만 유아기 아이는 지금부터 잘 대응하면 개선될 수 있습니다.

"죽어죽어"라고 말하고 있는 상황에서 아이가 호소하고 싶은 진짜 감정이나 신체 감각을 파악합니다. 졸려서 그런 것일 수도 있고 나무 블럭을 다른 아이가 가져가서 화가 난 것인지도 모릅니다. 또 엄마에게 안아 달라고 하는 것일 수도 있습니다. 그것을 어른들이 먼저 알아채는 것이 중요합니다. 그리고 그 감정을 공감하고 인정해 줍니다. 아이를 안을 수 없을 때는 손을 잡아 주거나 머리를 쓰다듬어 주고 등을 토닥토닥 하는 등의 스킨십을 해 줍니다. 피부 접촉을 통한 애정의 교류는 아이가 안심하고 안전을 느끼는 데 중요합니다. 자신의 신체로부터 끓어오르는 불쾌한 기분을 올바른 말로 표현하게 되고, 그 말을 사용하면서 자신의 생각이 받아들여지는 경험이 쌓이면 "죽어죽어"는 잘못된 말이라는 것을 알게 되어 더 이상 사용하지 않습니다.

카운슬러 엄마의 에세이 2

"장난감 빌려줘", "싫어", "더 놀고 싶어"
어떤 것도 모두 소중한 마음이라는 것을 알게 되었습니다.

- 고토오 아키코 -

아이가 벌써 여섯 살입니다. 함께 공원에 놀러 나가 여러 부모와 아이와 만나 놀면서 즐거운 시간을 보내고 있습니다. 엄마랑 떨어져 처음 만난 친구와 사이 좋게 웃는 얼굴로 놀고 있는 모습을 보면 아이가 성장을 한 느낌이 들어 기쁩니다. 한편 아이들은 잘 놀다가도 서로 놀이 도구나 장난감을 뺏으려고 하면서 울거나 화를 내기도 합니다. 아이답게 신나게 떠들며 활기차게 놀지만 부모 입장에서는 피곤할 때도 있습니다.

전에 세발자전거가 있는 놀이터에 간 적이 있습니다. 아이가 세발자전거를 타면서 즐겁게 놀고 있는데 다른 아이가 빌려 달라고 했습니다. 하지만 아이는 자전거를 빌려주지 않고 여기저기 도망쳐 다니다 제게 달려와서는 빌려주고 싶지 않다며 도움을 요청하기도 했습니다. 세발자전거를 빌리지 못한 아이는 울 것 같은 표정이었습니다. 아이의 엄마가 "다른 것으로 놀면 되잖아"라고 울지 말라며 타일렀습니다.

이번에는 다른 아이가 제 아이의 자전거를 빼앗아 갔습니다. "또 타고 싶은데" 하면서 아이가 울어 버리자 자전거를 가져간 아이의 엄마가 "친구를 울리면 안 돼"라며 세발자전거를 주라고 설득을 했습니다.

놀이터에 있는 아이들은 모두 세발자전거를 타며 놀고 싶은 마음이 가득합니다. 그런데도 울지 않게 하면서 참으라고 훈계하는 모습을 보면 내 아이에도 그렇게 하는 편이 좋은지 망설이게 됩니다. 다른 사람에게 폐를 끼치는 것은 아닐까 싶어 마음이 편하지 않습니다. 내 아이의 '더 놀고 싶다'는 마음보다 먼저 다른 아이와 그 부모의 마음을 배려하는 것이 표준으로 보였습니다. 그 때문에 다른 아이들이 "빌려 줘"라고 했을 때 "그래" 하고 선뜻 빌려주는 장면을 보면 그렇게 할 수 있는 아이가 부러웠습니다. 그래도 그것을 내 아이에게 요구하고 싶지는 않았습니다. 왜냐하면 아이가 바로 장난감을 빌려주지 않는 것은 아이의 중요한 주장 중에 하나라고 생각했기 때문입니다. 그로 인해 다른 아이들과 감정적인 다툼이 일어나지만 그렇게 해서 사회성을 기르는 시기라고 생각하면서 스스로 여유를 가질 수 있게 되었습니다.

주변에서 보면 자신의 아이만 중요하게 여기고 있는 것처럼 보일지도 모릅니다. 그래도 아이의 감정을 좋다, 나쁘다로 평가하지 않는 것이 중요하다고 생각합니다. 그것과 동시에 주변의 아이들이 "빌려주고 싶지 않다", "(자신만) 더 놀고 싶다"라고 말하는 기분도 중요하게 생각합니다. "○○가 빌려주지 않아요"라고 부모인 제게 호소하는 아이도 있는데 그때는 "○○가 빌려주지 않아서 화난 거구나"라고 말하면서 화난 감정을 가지고 있어도 좋다고 표정과 말로 전달합니다. 마음이 서로 부딪치기도 하지만 누구도 무엇 하나 잘못된 마음이 아니라는 것을 받아들입니다. 아이에게 친구들과의 규칙을 알려줄 수 있을 것 같을 때에 조언을 하면 스스로 생각하고 행동을 하는 일도 많아졌습니다. 아이의 성장은 끊임없이 계속될 것으로 믿고 저만의 방식을 지켜 나가고 싶습니다.

오늘도 우리 아이는 "싫어"라고 떼쓴다

- 제 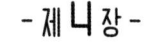 장 -

어떻게 예의범절을 가르치면 좋을까

 이 장에서는 예의범절을 가르치는 것에 대한 고민과 방황에 대한 Q&A에 대답하면서 예의범절을 가르치는 구체적 방법을 전해 드리고자 합니다.

예의범절을 가르치는 방법과 과정

많은 사람들이 예의범절을 가르치는 것을 아이를 혼내는 것으로 오해하고 있습니다. 예의범절을 가르칠 때 체벌이 필요하다고 생각하는 사람도 있고, 꾸짖어서 울게 하면 아이가 저항을 하기 때문에 예의범절을 가르치는 것이 어렵다고 생각하는 사람도 있습니다. 확실한 것은 공포를 조성해서 아이를 다루는 것은 예의범절을 가르치는 것이 아니라 아이를 지배하는 것입니다. 무서운 분위기를 만들고 다그치면 아이가 얌전해지지만 그것은 아이를 파괴하는 것입니다. 예의범절이란 아이의 자율적인 힘, 즉 남의 지배나 구속을 받지 않고 스스로의 원칙에 따라 어떤 일을 할 수 있는 능력을 기를 수 있도록 지도하는 것입니다. 지배는 타율입니다. 나이에 따라 발달 정도가 다르지만 스스로 어떤 기준에 맞추어 행동을 할 때는 착한 뇌와 싫어싫어 뇌가 타협하는 과정을 거쳐 배우게 됩니다.

3장에서 이야기했듯이 감정의 사회화를 촉진시키는 아이와의 관계 방안은 일상에서 실천하는 것이 예의범절을 가르치기 위한 전제가 됩니다. 아이의 싫어싫어 뇌가 기능을 인정받고 안심하는 상태가 되지 않으면 착한 뇌의 기능은 발휘되지 않습니다. 공포 분위기를 만들어 아이를 다루는 것은 아이를 행복하게 하는 방법이 아닙니다.

예의범절은 아이를 혼내는 것이 아니라 지켜야만 하는 틀을 제시하는 것부터 시작합니다. 예를 들어 예의범절을 가르치는 과정을 설명해 보겠습니다. 아래의 그림6에서 예의범절을 가르치는 과정을 보여주고 있습니다.

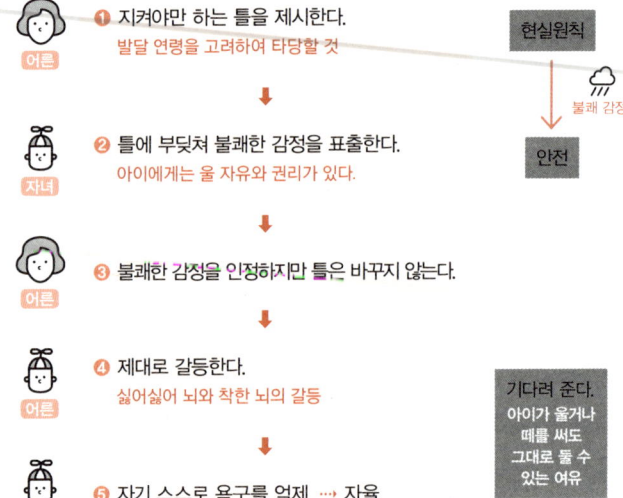

▼ 그림6 **예의범절을 가르치는 과정**

택배가 와서 열어 보니 매우 맛있어 보이는 아이스크림이 들어 있습니다. 두 살배기 아이가 발견하더니 바로 먹자고 난리입니다. 엄마는 저녁을 준비하고 있습니다. 지금 아이가 아이스크림을 먹으면 배가 불러서 저녁을 먹지 않을 것이 눈에 뻔히 보입니다. 자녀의 생명과 건강을 지키기 위해 예의범절의 틀이 존재합니다.

왼쪽 그림6의 ❶~❺에 관한 설명입니다.

❶ 엄마는 "아이스크림은 밥을 먹고 난 후에 먹자. 이제 곧 밥 먹을 시간이야"라는 틀을 제시합니다.

❷ 자녀는 "싫어, 지금 먹을래!"라며 크게 울면서 짜증을 부립니다. 먹고 싶은 욕구는 싫어싫어 뇌의 힘으로 건강하기 때문에 넘쳐나는 욕구입니다. 그 욕구 자체는 살아가는 데 필요한 힘입니다. 하지만 건강을 지키기 위해 여기서는 억제가 필요합니다.

❸ 엄마는 "아이스크림을 지금 먹고 싶은데 엄마가 안 된다고 말해서 화가 났구나. 먹을 수 없어서 속상하겠다", "밥 다 먹고 먹을 거야"라고 부드럽게 말하면서 아이가 마음 편히 실컷 울도록 합니다. 아이의 감정을 인정하면서 제시한 틀은 철저하게 유지합니다.

❹ "먹지 못한다"고 말한 엄마가 설정한 틀은 인지정보이므로 착한 뇌를 억제하는 것입니다. 싫어싫어 뇌로부터는 '먹고 싶다', 착한 뇌로부터는 '지금은 먹을 수 없다'는 정보가 흐릅니다. '먹고 싶다'와 '먹을 수 없다'의 갈등이 안전하게 관계를 갖고 처리되는 것이 중요합니다. 아이가 울고 있을 때 야단을 치고 공포 분위기를 만들면 두려움에 의해 싫어싫어 뇌의 기능이 정지되어 조용하게 됩니다. 그러면 착한 뇌와의 정보 교환을 하지 않습니다. 그 결과 감정을 조절하는 힘이 길러지지 않게 됩니다.

❺ 한바탕 울게 놔두고 나서 아이의 불만스러운 느낌과 짜증스러운 기분을 엄마랑 아빠가 부드럽게 인정하면 점차 아이는 '지금은 먹을 수 없다'는 현실에 적응을 합니다. 아이의 기분과 마음이 바로 바뀌는 것은 아니므로 아이가 우는 걸 잘 보고 있다가 적절한 타이밍에 안아 줍니다. 눈물을 닦아 주면서 아이를 달래고 나서 저녁밥을 먹게 합니다.

중요한 것은 나름대로 저녁을 먹었다고 생각하면 반드시 디저트로 아이스크림을 주는 것입니다. 그러면 아이는 '끝나고 나서'라는 말의 의미를 처음으로 이해합니다. 아무리 크게 울고 짜증을 내도 저녁 전에는 아이스크림을 먹지 않고 참아야 된다고 아이가 판단하는 것이 중요합니다. 어른들은 아이가 울고 떼를 써서 부모를 곤란하게 했다거나, 참지 않는다고 생각하고 아이를 혼내기 쉽습니다. 하지만 아이가 울었던 죄를 물을 필요는 없습니다.

아이의 불쾌한 기분을 인정하면 제멋대로 굴게 된다고 생각하는 사람도 많을 것입니다. 그림6(72쪽)에서는 부모가 제시한 틀을 바꾸지 않는 것이 가능한지를 묻고 있습니다. 아이가 우는 것을 견디지 못하고 울음을 멈추게 하려고 밥 먹기 전에 아이스크림을 준다면 제시한 틀을 바꾸게 됩니다. 불평을 늘어놓으면 이득을 보게 된다는 것을 학습하기 때문에 버릇없는 아이가 됩니다. 싫어싫어 뇌가 느끼는 불쾌한 감정, 욕구를 인정은 하되 제시한 틀을 바꾸지 않으면 싫어싫어 뇌는 안심을 하고 착한 뇌의 기능이 성장합니다.

예의범절을 가르치는 가르치는 틀

아이가 말을 듣지 않을 때, 싫다고 할 때나 떼를 쓰며 고집을 부릴 때, 혼을 내야 되나 아니면 받아줘야 하나 고민하는 엄마, 아빠가 많을 것입니다. '예의범절의 틀', 즉 부모가 안 된다고 말해야 하는 아이의 반응이나 행동은 사회의 규칙과 아이의 생명과 건강을 지키기 위함입니다. 그리고 아이의 발달단계에 적합한 과제인지 아닌지를 따져 보는 것입니다. 알기 쉬운 예를 들어 보겠습니다.

아이가 버스 안에서 울고 있었습니다. "버스 안에서는 조용히 해야 하는 거야"라고 말하는 것은 사회의 규칙이지만, 젖먹이 아기가 우는 것은 아이의 발달단계를 고려할 때 당연한 것입니다. 따라서 영아에게는 "버스 안에서는 울면 안 돼"라고 하는 예의범절의 틀은 성립하지 않습니다. 그러나 5세가 되면 발달단계를 고려할 때 "버스 안에서는 조용히 해야 하는 거야"라고 말할 수 있습니다. 1세~4세 사이의 아이에게는 무엇을 요구하면 좋을지 판단하는 것이 혼란스럽습니다. 발달단계를 고려하면 무리라는 것을 알면서도 아이가 말을 듣지 않아 곤란해지는 경우가 생깁니다.

두 살짜리 아이가 파란색 옷을 입고 싶다고 하는데 엄마는 노랑색 옷을 입히고 싶은 상황은 어떨까요? 파란색 옷은 안 된다고 하는 엄마의 말을 예의범절의 틀로서 성립하는 것일까요? 이것은 사회의 규칙이 아닙니다. 생명과 건강을 지키기 위한 제한이라는 점에서는 어떨까요? 파란색 옷은 춥기 때문에 따뜻한 옷을 입어야 한다고 한다면 예의범절이 성립하겠지만, 단순히 디자인의 문제라면 아이와 옥신각신할 필요가 없습니다. 아이의 주장을 인정해 주는 게 자아가 성장하는 데 도움이 됩니다. 이처럼 부모의 생각(자기주장)인지 아니면 적절한 예의범절의 틀인지는 아이가 초등학생이 되어서도 중요한 테마가 됩니다.

첫째 아이의 경우에는 아이의 발달단계를 이해할 수 없는 것이 당연합니다. 보건사, 보육사, 소아과 의사 선생님 등에게 부담 없이 물어보는 것이 좋습니다. "이 나이의 아이는 대부분 이렇게 말하는 것이 맞다고 생각하는데 괜찮은가요?"라고 물어봅니다. 아이들을 보면서 감각적으로 알게 되는 것을 소중하게 여기기 바랍니다.

2, 3세 시기는
반 드 시
끝 난 다

2, 3세의 시기는 아이들은 개인차가 커서 한 번에 예의범절을 이해하기도 하지만 같은 것을 수십 번 반복하지 않으면 안 되는 아이도 있습니다. 공포 분위기를 만들지 말고 참을성 있게 틀을 제시하는 것이 가능하다고 해도 일정한 시기가 지날 때까지 계속해서 같은 것을 반복하는 게 2~3세 시기입니다. 그것을 각오해야 합니다. 잠자는 아이의 귀여운 얼굴을 보면서 이 시기는 지나갈 것이라고 믿고 성장을 기다리기 바랍니다. 그 기간을 참지 못하고 엄마가 짜증을 내거나 아이와 부딪치면 악순환에 빠지게 되어 장래에 여러 가지 심리적 문제가 생깁니다. 힘든 시기는 길게 느껴지지만 유아기에 부모를 고생시킨 아이가 좋은 아이로 자랍니다. 예의범절을 가르치는 걸 포기해 버리는 것이 가장 좋지 않습니다. 그러면 아이는 자신의 존재가 중요하지 않다고 느끼게 됩니다. 예의범절의 틀은 아이의 생명과 건강을 지키기 위해서인데 그것을 포기해 버리면 아이가 지켜지지 않는 상황에 놓이기 때문입니다.

Q&A ⑪
어떻게 예의범절을 가르치면 좋을까?

리모컨을 빠는 아이

Q 아이가 텔레비전이나 DVD의 리모컨을 좋아해서 빨곤 합니다. 그러면 안 된다고 말하는데도 계속 빨아서 곤란합니다. 어떻게 하면 좋을까요.
9개월

A 앞에서 말했듯이 예의범절의 틀에 준하는 행동인지를 판단하기 위해서는 아이의 발달단계를 고려하는 것이 필요합니다. 영아(0~1세)의 발달단계는 아직 예의범절의 틀을 형성하는 단계가 아닙니다. 아기가 만지지 않았으면 하는 것은 어른이 관리해야 합니다. 아기의 손이 닿지 않는 곳에 두기 바랍니다.

영아는 흥미와 관심이 싹트는 시기이므로 여러 가지 물건을 빨거나 해서 확인합니다. 눈앞에 있는 물건을 부모가 만지면 안 된다고 하는 말을 듣고 제어가 가능해지는 시기는 4~5세 이후입니다. 영아기에는 만지면 안 되는 것은 눈에 보이지 않는 곳에 두는 것이 기본입니다. 종이를 꼬기작거리는 것을 좋아하는 시기에는 중요한 서류는 눈에 띄는 곳에 두지 않는 것이 필요합니다. 버려도 괜찮은 종이를 만지게 해 자녀의 흥미나 관심, 의욕을 충족시켜 주면 됩니다. 아기가 어른이 손에 가지고 있는 것에 흥미를 갖는 것은 중요한 의욕입니다. 아기의 의욕을 소중하게 여기고 안전하게 만족시켜 주기 위한 궁리를 해 보기 바랍니다. 그 시기의 모든 행위는 기본적인 신체 동작의 발달과 연관이 됩니다.

Q&A ⑫
어떻게 예의범절을 가르치면 좋을까?
아이를 다른 방에서 재우고 싶은데요

Q 외국처럼 아이를 다른 방에 재울 수 있으면 부모의 잠이 부족하지 않고, 아이의 자립심을 키우는 데 도움이 된다는 말을 들은 적이 있어 시도해 보았지만 아이가 너무 울어서 단념했습니다. 제대로 혼자 잘 수 있도록 예의범절을 가르치는 것이 좋을까요? 10개월

A 외국 드라마나 영화를 보면 영아기에 아이를 다른 방에 혼자 재우는 모습을 볼 수 있습니다. 그런 장면을 보면 동양 사람들은 본능적으로 위화감을 느끼는 경우가 많습니다. 일본에서는 부모와 자식이 같은 방에서 자식 하나를 가운데 두고 자는 문화가 있습니다. 자는 방식은 사람과 사람의 관계성에 기반하여 무의식적으로 심리적 거리감(전문적으로는 자아경계라고 합니다.)을 표현하는 것입니다. 그 결과 문화가 생겨납니다.

서구는 개인주의를 기반으로 하고 있어 미취학 아동기부터 아이를 개인으로 보고 있습니다. 하지만 동양은 배려를 중시하는 문화이고 항상 타인과의 관계를 통해 자신이 규정되는 사회입니다. 문화가 서로 다름에도 불구하고 의식만을 따라 하는 것은 의미가 없습니다. 더구나 미취학 시기에 부모자식 간 애착 관계에 의해 안정감을 얻고, 감정을 제어하는 뇌기능의

기초 형성에 관여한다는 것을 전 세계 전문가들이 공통적으로 인식하고 있습니다. 전문가 중에는 같은 방에서 부모와 자녀가 함께 하는 동양 문화를 높이 평가하는 사람도 있습니다. 동양 사람의 참을성과 바른 예의의 근원으로 보는 경우도 여러 번 있었습니다. 해외 학회에서 2세 유아의 수면 장애를 주제로 한 발표를 들었습니다. 혼자 자는 2세 아이는 불안, 공포와 싸우고 있는 것입니다. 아이를 다른 방에 혼자 자게 해서는 안 된다거나 그런 일은 있을 수 없다고 동양 사람들은 느낍니다. 그 생리적 감각을 중요하게 생각하기 바랍니다.

그럼에도 불구하고 다른 방에서 아이를 재우고 싶은 생각이 드는 것은 부모가 매우 피곤할 때라고 생각합니다. 주목할 것은 아이와의 거리를 두고 싶을 만큼 궁지에 몰리고 있는 엄마의 상황입니다. 이것에 대해서는 6장에서 자세히 다루겠습니다.

유아기에 다른 방에서 재우는 것은 발달단계적으로나 생명과 건강을 지킨다는 점에서나 지켜야만 하는 예의범절의 틀에 해당되지 않습니다. 다른 방에서 자게 되는 것은 초등학교 이후입니다. 다른 방에서 자는 것이 몸에 배도록 교육시키려는 발상은 본래 아이 중심의 발상이 아닙니다. 부모가 편하기 위한 방편으로 아이를 지배하는 것과 연결됩니다. 질문한 분은 아이가 크게 울어서 다른 방에서 재우는 것을 단념했다고 했습니다. 아이의 저항을 받아들인 자신의 감각을 소중하게 여기기 바랍니다.

Q&A ⓭
어떻게 예의범절을 가르치면 좋을까?

**놀이터에서 놀다가 집에 가려고 하면
울면서 가려고 하지 않는 아이**

Q 근처에 미취학 아동을 위한 놀이터가 있어서 매일 오전 중에 그곳에 놀러 갑니다. 놀이터는 정오가 되면 끝나기 때문에 돌아가야 하는데 매번 돌아가려고 할 때마다 싫다고 하면서 뒤집어지기 때문에 유모차에 태울 수가 없어 곤란합니다. 12개월

A 예의범절을 가르치는 과정을 따라 생각해 보기로 합시다(번호 ❶~❺는 72쪽 그림6의 ❶~❺번에 대응합니다.).

❶ 정오에 놀이터가 끝난다는 것은 사회적 규칙입니다.
❷ 좀 더 놀고 싶은 것은 싫어싫어 뇌의 역할입니다.
❸ 아직은 가고 싶지 않은 아이의 기분을 인정해 주면서 돌아가자고 하는 것이 올바른 예의범절을 가르치기입니다.

의뢰인은 아이가 놀이터에서 크게 울면서 뒤집어지기 때문에 유모차에 태울 수가 없다고 했습니다. 때문에 물리적으로 돌아갈 수 없어 곤란하다고 한 것입니다. 여기서 돌아갈 수 없는 것은 유모차 때문입니다. 아이

를 유모차에 태우기 위해서는 아이가 방실방실 웃고 있든지 잠을 자든지 해야 합니다. 아이가 울고 있는 상태에서는 위험해서 태울 수 없기 때문에 울음을 멈추지 않으면 곤란하다고 생각합니다. 이럴 때 예전부터 내려오는 '어부바' 지혜가 있습니다. 어부바에 익숙해지면 아이가 크게 울고 있는 상태에서도 등에 착 달라붙도록 업을 수 있게 됩니다. 놀이터 등에서는 주변 사람에게 도움을 받아 아이를 업는 것도 가능합니다. 돌아가고 싶지 않다며 크게 울고 있는 상태에서도 등에 업고 꽉 묶으면 아이는 안전합니다. 그 상태가 예의범절을 가르치는 과정 ❸의 조건을 만족시킵니다. "내일 또 오자", "즐거웠지? 돌아가기 섭섭하겠네"라고 말을 걸어 주면서 울고 있는 아이를 등에 업은 채로 집에 돌아오는 것(틀을 바꾸지 않고 제대로 지킴)이 가능합니다. 이것을 몇 번 반복하며 더 이상 어부바를 할 수 없을 만큼 아이가 자란 다음에는 "시간 때문에 돌아가지 않으면 안 된다"는 사회적 규칙을 학습해 자기조절 능력을 갖추게 됩니다. 즉, 이 나이의 발달단계는 어부바 방법을 활용하여 예의범절의 부드럽게 가르치는 것이 필요합니다. 어부바는 지진 등의 비상시에 피난할 때에도 아이를 보호하는 가장 안정한 방법입니다. 평소에도 어부바를 해 주기 바랍니다. 어부바를 할 수 있으면 육아가 즐거워집니다.

Q&A 14
어떻게 예의범절을 가르치면 좋을까?

모유 수유를 중단하려고 하는데 좀처럼 할 수가 없어요

Q 모유로 아이를 키웠습니다. 모유를 중단할까 생각 중인데 아이가 울어서 어쩔 수 없이 결국 또 먹이고 있습니다. 원하는 만큼 먹여도 좋을까요?

15개월

A 'Q&A 11 리모컨을 빠는 아이'(78쪽)에서 영아는 예의범절의 틀을 적용하는 발달단계가 아니라고 했습니다. 처음으로 예의범절의 틀을 적용하는 것이 모유 수유를 멈추는 일인지도 모릅니다. 엄마 젖을 떼는 것은 젖먹이에게 큰 사건입니다. 돌이 지나면 적절한 시기에 생명과 건강을 유지하기 위해 모유 수유를 중단할 필요성이 있습니다. 만 1세가 되면 이유식을 거쳐 어른과 동일한 식사가 가능해지고 엄마 젖으로부터 영양을 섭취하는 시기는 끝납니다. 생명과 건강을 지키기 위해 식사로 영양분을 섭취해야 할 시기가 오고 있는 것입니다. 그러므로 '엄마 젖 떼기'라는 예의범절의 틀을 적용해야 하는 시기입니다.

그러나 모유를 중단하는 것은 그렇게 간단하지 않습니다. 모유로 키운 아이는 엄마 젖을 빨고 엄마 가슴에 안겨 있으면 모든 걱정을 떨쳐버리고 마음이 편해집니다. 엄마도 아이에게 젖을 먹일 때 행복감을 느끼는데 모유 수유를 중단하면 상실감이 생깁니다. 때문에 의뢰인과 같이 질질 끌다 젖 떼는 것을 망설입니다. 그만 먹여야지 싶은데 중단하지 못합니다.

모유의 심리적의 의미는 입술로만 안심하고 안전을 얻는 단계에서 엄마가 옆에서 눈으로 보는 것만으로도 안심이 가능한 단계로 이동하는 것입니다. 그러므로 2~3세가 되어서도 엄마 젖을 빨면서 안심을 얻는 상태는 아이의 감정 조절이 지연된다는 것을 의미합니다. 입술 외의 감각으로는 안심하고 안전을 확보할 수 없게 되기 때문입니다. 그래서 모유를 끊기 전까지의 영아기에 엄마에게 안겨 눈을 보고 안심하는 관계가 가능한지의 여부가 모유 수유를 부드럽게 중단하는 데 깊은 영향을 줍니다.

최근에 무리하게 모유 수유를 중단하는 것보다 자연스럽게 모유 수유를 포기하는 '졸유'라는 말이 사용되고 있는 것 같습니다. 확실히 이상적으로 쓱 하고 가볍게 졸유가 가능한 아이가 있지만 그것은 영아기 애착 관계가 좋고, 비교적 얌전한 유형의 아이에 한정됩니다. 애착 관계가 좋아도 아기의 입장은 많이 좋아하는 엄마 젖을 먹을 수 없다는 것을 받아들이기 쉽지 않습니다. 싫어싫어 뇌의 힘이 작동하여 아이가 크게 울면서 짜증 내는 상태가 됩니다. 졸유를 기다리는 동안 2~3세까지 계속해서 엄마 젖을 먹을 수 있게 되거나, 울고 있는 아이를 안아 주면서 달랠 자신이 없어서 유두와 입술에 계속해서 의지한다면 아이는 엄마 젖이 없는 상황에서 어떻게 자신의 불안을 다스려야 할지 학습할 기회를 잃어 버리게 됩니다. 모유 수유 중단을 '예의범절 가르치기의 과정'에 적용하여 생각해 보기로 하겠습니다.

❶ 모유 수유를 중단하는 날을 정하기로 합니다. 아이의 상태가 좋은 날에 말하는 것이 중요합니다. 엄마가 2, 3일간 잠이 부족할 수도 있다는 것을 미리 염두에 두고 일정을 계획하는 것이 중요합니다. 낮에 아빠가 놀아 줄 수 있는 주말 시간을 활용해 마음을 정하고 준비를 해 둡니다. 막상 젖 떼기를 하면 아기는 싫어싫어 뇌의 힘으로 저항하고, 그러면 졸유를 계속 유지하지 못하고 의뢰인과 같이 또 모유를 먹여 버리게 됩니다. 아이가 배부르게 충분히 먹을 수 있도록 메뉴를 연구하여 즐겁게 식사를 합니다. 모유를 중단하는 날을 정해 계획적으로 실행하면서 엄마 자신의 상실감에 대해서도 미리 마음의 준비를 합니다. 아이에게는 "오늘은 엄마 젖 떼는 날이야. 엄마 젖 빠이 빠이"라고 말합니다. 가슴에 그림을 그리는 방법도 있습니다. 엄마 젖 먹는 시기가 끝났다는 것을 아이가 판단하고 이해시키는 의미로 예전부터 사용한 방법입니다. 엄마 젖에 얼굴 모양을 그리게 되는데 귀여우면 더 좋을지도 모릅니다. 어느 쪽이던 엄마 젖은 더 이상 안 된다는 틀을 명확하게 제시합니다.

❷ 아이가 크게 웁니다. 싫어싫어 뇌의 힘이 나옵니다. 모유를 중단하는 시기가 되면 먹기보다는 놀거나 안정을 위해 엄마 젖을 찾는 경우도 있기 때문에 낮에는 우는 반응을 보이지 않는 아이도 있습니다. 하지만 밤이 돼 졸리면 크게 울게 됩니다.

❸ 울고 있는 아이를 안아 주면 엄마도 울고 싶은 기분이 됩니다. 아이를 안고 "좋아 좋아" 하며 잘 달래서 재웁니다. ❸을 잘 버티는 것이 중요합니다. 엄마 젖을 물 수 없어서 패닉이 된 아이에게 공감은 해 주지만 제한한다는 틀은 변하지 않아야 합니다. 아이가 크게 우는 것을 견디지 못해 모유를 준다면 이후에도 계속 질질 끌려다니게 됩니다.

❹ 눈물을 펑펑 쏟으며 아이는 엄마 품에 안겨 있습니다. 아이는 입술을 사용하여 엄마 젖을 빨지 않아도 마음이 편안해지면서 자게 되는 것을 학습합니다.

이때 뇌 안에는 중대한 안심회로의 변경공사가 진행되고 있는 것입니다. 모유 수유를 중단하면 보기에도 갑자기 형, 누나 같아 보이고 영아가 아닌 유아로 느껴집니다. 이러한 과정을 거쳐 성장합니다. 졸릴 때나 잠잘 때에 엄마 젖을 만지는 것을 요구하는 아이도 있지만 그것은 젖을 떼는 과정에서 있을 수 있는 것으로 문제가 되지 않습니다. 입술로 안심하는 단계에서 스킨십을 통해 안심하는 단계로 가는 것이 필요한 시기이므로 엄마 젖을 만지면서 잠드는 것은 괜찮습니다.

Q&A 15
어떻게 예의범절을 가르치면 좋을까?

밥을 하려고 하면 울기 때문에
계속 상대를 해 주어야 하는 아이

Q 저녁 준비를 시작하면 돌봐 주기를 바라면서 아이가 계속 울기 때문에 남편이 돌아올 때까지 계속 놀아 주지 않으면 안됩니다. 결국 밤 9시가 되어 남편이 돌아오고 나서야 저녁밥을 할 수 있습니다. 어떻게 하면 저녁을 만드는 동안 아이를 기다리게 할 수 있을까요? 20개월

A 아이의 울음에 휘둘려 생활이 제대로 되지 않은 상태로 보입니다. 엄마와 밥짓기는 아이의 생명과 건강을 지키기 위해 필요합니다. 발달단계를 고려하면 아이는 엄마가 눈에 보이는 곳에 있으면 기다릴 수 있습니다. 그러면 '예의범절 가르치기 과정'에 입각하여 생각해 보기로 하겠습니다.

❶ "엄마는 밥을 할 거야. 기다리고 있어"가 예의범절의 틀이 됩니다. 아이가 불안하지 않도록 엄마가 보이는 곳에 안전한 장소를 선택해 있게 하는 노력이 필요합니다. 아이가 위험한 부엌에 들어오지 않도록 담을 설치하거나 베이비 서클 등을 이용할 수 있습니다.

❷ 아이는 싫다고 하며 울고불고 난리가 납니다. 돌봐 달라고 하고 놀아

달라고 합니다.

❸ "엄마가 밥을 만들고 있으니 할 수 없네. 우리 아기 엄마가 돌봐 주었으면 하는구나"라고 응대하면서 엄마는 밥 하기를 계속합니다.

이 ❸을 유지하는 것이 가능하면 ❹, ❺로 아이와 진행합니다. 이때 아이는 어느 정도는 큰소리로 웁니다. 혼자서 울다가 엄마 소리가 들리면 다소 가라앉고 혼자 놀다가 또 울기를 반복합니다. 엄마가 "이제 밥이 다 되었네. 우리 아기 잘 기다려 주었구나"라며 안아 주면 아이는 "기다리자"라고 하는 것의 의미를 이해합니다. 아이는 점점 멀리 내다볼 수 있게 됩니다.

이 경우에는 ❸의 과정을 극복하지 못하고 자녀의 울음에 휘둘려 버린 것이라고 생각합니다. 아니면 아이를 울게 하면 안 된다는 기분이 가득한 것인지도 모르겠습니다. 결과적으로 아이가 눈물을 보이면 엄마는 아이가 원하는 대로 해 주는 관계가 되어 버려 일상생활이 엉망이 되었다는 생각이 듭니다. 아기가 울고 있어도 안전한 상태를 만들어야 합니다. 안전하게 짜증을 일으키도록 발상의 전환을 합니다. 거기에 더해 아이가 짜증내고 울어도 엄마가 밥을 준비하는 동안에 노래를 불러 주면 좋습니다. 엄마가 노래를 부르고 있으면 울고 있는 아이의 싫어싫어 뇌는 엄마가 자신에게 관심을 보이고 있다고 느낍니다. 그 결과 ❹의 과정을 거쳐 ❺에 이르면 혼자서 놀 수 있습니다.

의뢰인의 자녀는 20개월이지만 좀 더 어린 아이라면 'Q&A 13 놀이터에서 놀다가 집에 가려고 하면 울면서 가려고 하지 않는 아이'(82쪽)의 답변처럼 아이를 업고 밥을 하는 것이 발달단계를 고려한 예의범절의 틀에 부합합니다. 아이를 업는 것은 엄마 생활을 유지하는 데 도움이 됩니다.

6장에서 자세히 설명을 하겠지만 아이의 울음소리를 듣고 있으면 무의식적으로 엄마 안에서 예전의 좋지 않았던 기억이 떠올라, 아이를 우는 상태 그대로 두는 것이 힘들어지는 경우가 있습니다. 그런 일이 일어나면 아이의 울음을 멈추기 위해 하면 안 되는 행동을 하기 쉽고, 예의범절을 가르치지 못하는 경우가 자주 있습니다. 아이를 어느 정도 울게 놔두어도 괜찮다고 생각할 수 있는지 스스로 물어 보세요. 아이를 울게 놔두면 주변에서 좋지 않은 소리를 듣기 때문에 울게 놔둘 수 없다고 생각하는 사람이 많지만 실제로 아이(싫어싫어 뇌)는 제대로 공감해 줄 때에 좀 더 빨리 진정됩니다. 좋지 않은 기분일 때 엄마에게 안겨 위로 받을 수 있다고 생각하는 아이가 더 빨리 울음을 멈춥니다.

이 경우 지금까지 ❸을 유지할 수 없는 상태이기 때문에 ❸을 유지하도록 분발하기 바랍니다. 방침을 바꾼 직후에는 아이의 저항도 크기 때문에 엄마의 각오가 필요합니다. 오늘은 30분 만에 아이를 달랠 수 있었다면 내일은 25분, 그다음 날은 20분으로 점차 시간이 단축되므로 끈기를 가지고 기다리기 바랍니다. 아무리 떼를 써도 안 된다고 생각하면 아이도 쓸데없는 에너지를 낭비하지 않게 됩니다.

Q&A 16
어떻게 예의범절을 가르치면 좋을까?

배변 훈련이 잘 되지 않는 아이

Q 배변 훈련을 시작하면서 "쉬가 나오기 전에 말해"라고 몇 번이나 가르쳐 주었지만 팬티에 쉬를 한 후에 "쉬했어"라고 합니다. '왜 나오기 전에 말하지 않을까'라는 생각이 듭니다. 어떻게 하면 좋을까요? 29개월

A 배변(배뇨) 훈련은 배변 억제가 가능하도록 가르치는 것입니다. 기저귀를 하고 있을 때에는 배변이 의식화되어 있지 않아 의지가 없습니다. 배변은 생명을 유지하기 위한 생리현상이기 때문에 싫어싫어 뇌의 영역의 기능입니다. 배변의 자립이라고 하는 것은 배변의 욕구가 착한 뇌와 연결되어 착한 뇌의 억제를 받을 수 있도록 발달하는 것입니다. 그리고 그것을 재촉하는 자극이 배변 훈련입니다. 그것은 감정의 사회화로 전달되는데 감정이 말과 연결되는 과정의 발달과 매우 비슷한 기능의 발달입니다. 소변을 참는 것은 참는다는 의미를 학습을 통해 알게 되는 것입니다. 중요한 것은 신체의 감각에 초점을 맞추는 것입니다. 오줌이 방광에 차 있는 상태를 인지하는 신체 감각, 그것이 방출되어 비워질 때의 신체 감각, 소변이 흘러서 다리까지 축축해지는 신체 감각, 이러한 신체 감각에 초점을 맞추는 것이 학습을 촉진시키기 위한 포인트입니다.

의뢰한 분은 소변이 나오기 전에 말하라고 가르친다고 했지만 그것은 착한 뇌가 움직이는 것입니다. 그런데 아직 착한 뇌가 배변의 신체 감각과 연결되지 않는 상태이기 때문에 자녀 입장에서는 무엇을 요구 받았는지 알 수 없습니다. 자녀가 나온다고 말하는 것은 거의 그 상태로 훌륭한 반응을 하고 있는 것입니다. 오줌이 나왔을 때의 감각을 느끼고 그것을 나왔다고 가르쳐 주는 것입니다. 그럴 때는 '오줌이 나와서 축축하게 젖었구나'라고 그것을 느끼고 있는 신체 감각을 말로 해 주기 바랍니다. 그러한 신체 감각의 기분을 계속 재촉하는데 '오줌 쉬 변기에 쉬'라고 말하는 그림책 (옮긴이) 국내서로는 『응가하자, 끙끙』 등이 있다.을 즐겁게 읽어서 착한 뇌가 학습하면 자연스럽게 신체 감각과 연결되는 것입니다.

불쾌한 신체 감각을 깨달으면, 상쾌한 신체 감각을 알게 됩니다. 이러한 차이에 의해 인지가 가능해집니다. 배변의 학습도 예의범절의 과정으로 설명할 수 있습니다.

❶ 기저귀를 벗깁니다. 오줌을 억제하는 틀을 만듭니다.
❷ 쉬가 그 상태로 나옵니다. 생리현상에 그대로 반응합니다.
❸ 신체 감각을 말로 쉬 하고 나오는 거라고 인정하지만 틀을 바꾸지 않습니다. 즉, 실패해도 기저귀를 하지 않은 채로 유지합니다.
❹ 신체의 생리현상(싫어싫어 뇌의 기능)과 의식적 억제(착한 뇌의 기능)와의 사이에 정보가 흐르게 되고,
❺ 신체 감각을 깨달아 의식에 의해 억제하는 것이 가능해집니다.

실패를 계속한다고 해도 ❸에서 기저귀를 다시 채우면 예의범절의 틀을 유지할 수 없기 때문에 억제의 힘이 발달하지 않습니다. 아이는 실패를 통해 학습을 하기 때문입니다. 배설의 학습 과정은 이런 식으로 진행이 되지만 학습이 진행되기 위한 준비 상태 여부에 따라 개인 차이가 있습니다. 대체로 2~3세에 가능하게 되지만 시간이 걸리는 아이도 있습니다.

이 시기에 오줌이나 똥도 부모에게 있어 더러운 것이 아닙니다. 아이는 실패를 반복하면서 배설 조절을 학습하게 되므로 웃으면서 여유를 가지고 대하기 바랍니다. 아이의 배설 조절을 엄격하게 대해 실패를 허용하지 않으면 부모와 아이 모두 매우 피곤해지고 스트레스가 쌓이게 됩니다. 그러한 경우는 자기 자신을 되돌아 보는 것이 중요합니다. 아이가 배뇨 조절을 하지 못했다고 야단을 치면 악순환을 초래합니다.

아이의 배설을 부모가 싫어해서 언제까지 기저귀를 채우고 있으면 예의범절을 가르치지 않고 방치하는 것이 됩니다. 배설 훈련은 여러 가지 억제의 학습과 연결됩니다.

특히 밤에 이불을 더럽히면 안 된다고 생각하여 종이팬츠(일회용 기저귀)를 계속 입히는 경우가 많습니다. 실제로 자고 있는 동안에 배설이 없는 것이 좋지만 낮에는 스스로 해도 밤에 기저귀에 배설하는 것을 지속하면 아이가 초등학교에 들어가도 자는 동안에는 신체가 아기 상태가 되어 무의식적으로 오줌을 지리게 되고 고칠 수 없게 되기도 합니다. 감정 조절이 가능하지 않은 아이가 밤에 배뇨 조절을 못하는 사례는 매우 많습니다. 아이가 배뇨 조절에 실패할 때는 부모가 제대로 다가가 알려주면 자기에게 불쾌한 것을 깨닫고 통합해서 조절할 수 있는 토대가 됩니다. 실패가 당연한 이 시기에는 이불이 젖어서 차갑게 되는 신체 감각을 경험하는 것이 억제의 학습을 촉진합니다.

Q&A 17

어떻게 예의범절을 가르치면 좋을까?

오줌 싼 바지를 갈아입기 싫어하는 아이

Q 대부분은 소변이 나오기 전에 의사표시를 하는데 노는 데 열중해 있으면 그만 바지가 젖어 버리는 경우가 있습니다. 그럴 때 "오줌 쌌어?"라고 물으면 "나오지 않았어!"라고 우겨 대며 바지를 갈아입지 않습니다. 가끔은 "오줌 쌌어"라고 말할 때도 있지만 "바지 갈아입자"라고 하면 "싫어"라고 합니다. "젖은 채로 놀면 감기 걸려" 또는 "냄새 나잖아"라고 설명해도 싫다고 하기 때문에 바지를 갈아입힐 수가 없습니다. (32개월)

A 의뢰인은 자녀와 대화를 하고 있습니다. 대화를 통해 자녀에게 바지를 갈아입히는 것에 대해 설명과 동의를 구하려고 하고 있습니다. 어른들 사이의 대화라면 설명과 동의가 중요하지만 그것은 착한 뇌의 영역입니다. 이 나이의 아이는 말이 능숙하기 때문에 무심코 어른과 같은 대화가 가능할 거라고 착각을 하기 쉽지만 아직은 그렇지 못합니다. 이 시기에는 생명과 건강을 지키는 것에 대해 부모가 결정을 해야지 자녀에게 설명과 동의를 얻는 것은 필요하지 않습니다.

구체적으로는 놀고 있는 도중에도 "쉬 나왔네", "팬티 갈아입자"라고 안아 올려 갈아입히는 것이 좋습니다. 그리고 기분 좋은 신체 감각을 전달합니다. "팬티 보슬보슬해졌네. 기분 좋지?" 실제로 아이는 젖은 팬티를 불쾌하게 느끼고 있었기 때문에 갈아입는 동작에 대해 생각만큼 저항을 하지 않습니다.

예의범절 가르치기 과정에 맞춰 보기로 합니다.

❶ 젖은 팬티를 갈아입힙니다.
❷ 아이는 싫다고 합니다.
❸ "갈아입기 싫구나"라고 감정을 인정하지만 틀은 유지합니다. 즉, 바지를 갈아입힙니다.
❹ 여기서 짜증을 내도 '안전하게 짜증을 내게 한다'는 기분으로 기다려 주면,
❺ 마른 팬티에 적응하기 때문에 억제가 됩니다.

그것에 의해 마른 팬티는 기분이 좋고 젖은 채로 있는 것은 기분이 나쁘다는 신체 감각과 "갈아입자"고 하는 말의 의미가 연결되어 다음에는 엄마가 "갈아입자"라고 하면 "응"이라고 말할 수 있게 성장합니다.

Q&A ⓲
어떻게 예의범절을 가르치면 좋을까?

외출했을 때 공공장소에 드러누워 크게 우는 아이

Q 외출했을 때 아이가 출입금지구역에 들어가려고 해서 "들어갈 수 없는 곳이야"라고 말해도 아이는 이해하지 못하고 크게 울어 버립니다. 집에서도 아이가 가위를 사용하는 것이 위험해 숨겼더니 울면서 뒤집어졌습니다. 어떻게 할 수가 없어서 항상 먹을 것을 주거나 아이의 기분을 달래면서 대응을 하지만 좋지 않은 방법이라고 느끼고 있습니다. (28개월)

A 이 경우에는 아이의 생명과 건강을 지키기 위해 금지하지 않으면 안 됩니다.

예의범절 가르치기 과정에 대입시켜 보면,

❶ 위험한 건 금지합니다.
❷ 아이가 크게 울음을 터뜨립니다.
❸ "가고 싶구나"라고 아이가 기분을 인정해 주지만 못 가게 합니다.
그리고 ❹, ❺의 과정을 울게 하면서 억제할 타이밍을 기다립니다.

그런데 외출 시에 이 과정을 실행하기가 매우 곤란합니다. 집에서 가위를 사용하고 싶어 하는 경우에는 먹을 것으로 아이의 주의를 돌릴 수 있지만 집에서는 '주위 돌리기'가 아닌 예의범절 가르치기의 과정에 의해 억제할 수 있도록 해 보기 바랍니다. 아이가 "싫어"라고 말하며 울고 있을 때 일찍 울음을 그치게 하지 못해도 초조하게 생각하지 말고 아이가 납득할 수 있을 때까지 짜증을 내도록 놔둔다고 생각하면 일찍 억제가 됩니다.

가능하면 외출 시에 비상수단으로 먹을 것이나 간식을 가지고 주위를 돌리는 것은 그다지 문제가 되지 않는다고 생각합니다. 집에서는 기본적인 예의범절 가르치기의 과정을 실행하는 것이 중요합니다. 물건에 의지하지 않고도 자기 스스로 기분을 억제할 수 있도록 하는 체험입니다. 아이와 외출을 할 때에는 먹을 것, 장난감, 그림책을 가지고 가는 준비가 필요합니다. 비상수단으로서 먹을 것, 장난감 등을 사전에 준비해 두는 것은 아이를 데리고 나갈 때에 울 수 있다는 것을 인정하는 것이기도 합니다.

아무것도 준비하지 않고 "왜 이런 일 가지고 울어?"라며 부모가 기분 나빠하면 좋지 않습니다. 부모자식 간에 괴로운 경험이 됩니다. 비상수단으로 먹을 걸로 주위를 돌릴 때에도 중요한 것은 울게 된 이유가 되는 감정을 제대로 승인해 주는 것입니다. "가고 싶었구나. 갈 수 없어서 속상하겠다"라고 인정해 주면 예의범절 가르치기 과정 ❹에서 싫어싫어 뇌와 착한 뇌의 갈등이 단축됩니다. 외출 시에는 먹을 것 등으로 아이의 기분을 바꿀 수 있다고 생각합니다.

2~3세는 이러한 시기를 거치지 않을 수 없기 때문에 ❹의 과정에 도움을 주기 위해 간식 등의 비상수단이 외출 시에는 필요할 것입니다. 하지만 "가고 싶은데 갈 수 없구나"라며 감정을 공감해 주지 않으면 먹을 것만으로는 아이의 기분을 바꿀 수 없어 좋지 않습니다. 싫어싫어 뇌에 안심을 전달하지 못하기 때문입니다. 이런 관계를 알고 있으면 아이를 다루는 요령을 파악할 수 있다고 생각합니다.

지하철 안에서 앉을 수 없는 곳인데 앉고 싶다고 울거나, 만지면 안 되는 것을 만지고 싶다고 하는 경우에도 동일합니다. 외출을 할 때는 일어날 수 있는 일들을 예측해서 준비하기 바랍니다. 참는 것을 당연하다고 생각하지 않으면 부모의 스트레스가 줄어듭니다.

Q&A 19
어떻게 예의범절을 가르치면 좋을까?

빌려온 장난감을 돌려주지 않는 아이

Q 공원에서 다른 아이가 가지고 온 모래삽을 빌렸습니다. 그 아이가 집에 돌아갈 때가 되어 돌려줘야 하는데 "싫어"라고 울고불고 하면서 돌려주지 않으려 했습니다. "이건 네 것이 아니야"라고 말해도 이해하지 못합니다. 그래서 엄마 친구와의 인간관계도 있어 곤란해집니다. 결국 엄마가 빼앗아 돌려주기는 하지만 아이는 짜증을 내며 크게 울고 안아 달라며 양손을 벌립니다. 30개월

A 이러한 경우 모래삽을 돌려주는 것이 사회적 규칙에 합당합니다. 예의범절 가르치기의 과정을 적용해 보면 ❶의 틀은 모래삽을 돌려주는 것이 됩니다. 그러나 아이는 스스로 돌려줄 수 없습니다. 아직 다른 사람의 물건을 빌려오는 것에 대해 착한 뇌가 인식하지 않습니다. 2세 아이의 발달 연령을 고려하면 스스로 돌려줄 수 없기 때문에 엄마가 대신 돌려줄 수밖에 없습니다. 그러면 아이는 ❷에서 크게 웁니다. 이러한 반응을 괜찮다고 생각하는 것이 2세 아이를 가르치기 위해서 필요합니다. ❸에서는 "모래삽을 좀 더 가지고 놀고 싶었구나. 정말 속상하겠다"라고 아이의 기분을 헤아려 줍니다. 이미 모래삽을 돌려주었기 때문에 지켜야 하는 틀이 유지됩니다. 거기서 ❹의 갈등을 억제하여 ❺로 이동하기 위해 엄마한테

"안아 줘"라고 하는 것입니다.

모래샵을 좀 더 가지고 놀고 싶었던 '싫어싫어 뇌'와 그렇지만 놀 수 없다는 '착한 뇌'의 갈등을 억제하기 위해 "안아 줘" 하며 안심을 얻고, 놀 수 없다는 착한 뇌의 제어를 받아들이는 것입니다. 자신의 양손을 벌려 안아 달라고 하는 것은 엄마에게 안길 타이밍을 가르쳐 주는 것이기 때문에 훌륭한 것이라고 볼 수 있습니다. "잘 참았구나"라고 하면서 안아 주기 바랍니다. 엄마와 애착 관계가 충분하게 생겼기 때문에 가능한 아이의 반응입니다.

Q&A 20

어떻게 예의범절을 가르치면 좋을까?

**스스로 하려고 하지만 잘 못해서
짜증을 내는 아이**

Q 외출 시간이 빠듯한데 아이가 혼자서 옷을 입고 양말을 신겠다고 우깁니다. 잘하지 못하니 짜증을 내고 도와주려고 해도 응하지 않아 결국 늦어버립니다. 어떻게 하면 말을 잘 들을 수 있게 예의범절을 가르칠 수 있을까요? 34개월

A 아이를 키우다 보면 대개 2세가 지나면서 아이의 성격이 보입니다. 의욕이 가득해 스스로 하고 싶어 하는 의지가 강하고 좀처럼 말을 듣지 않는 아이라면 아이의 있는 그대로를 받아들이는 생활을 구성해 볼 수 있습니다. 그것이 장래의 훌륭한 자질과 연결되기 때문입니다. 스스로 옷을 입고 싶은 욕구의 억제는 예의범절 가르치기 틀의 대상이 아닙니다. 사회의 규칙도 아니고 생명과 건강을 지키기 위해 제어해야 할 대상도 아닙니다. 발달단계를 고려하면 스스로 입고 싶어 하는 것 자체는 순조로운 성장 과정입니다. 예의범절 가르치기 틀의 대상이 아니라고 하는 것은 부모가 제어해야만 하는 일이 아니라는 것입니다. 때문에 이것은 예의범절 가르치기의 과정에 해당하지 않습니다.

이러한 아이는 의욕이 충만해서 스스로 하고 싶다는 기분을 부모가 알아 준다면 마음이 편안해지고 짜증을 내지 않으며 시간이 걸려도 스스로 하는 방향으로 나아갈 것입니다. 아이는 엄마의 기분을 민감하게 느낍니다. 잘하지 못해서 짜증을 낼 때에는 실제로 조급해서 서둘러야 한다고 느꼈기 때문입니다. 빨리 제대로 하지 않으면 안 되기 때문에, 할 수 없는 상태라 생기는 초조함이 짜증을 유발합니다. 모처럼의 의욕이 아깝게 됩니다.

장래에는 훌륭한 자질임에도 유아기에는 하나에서 열까지 곤란한 행동으로 보여집니다. 그러므로 그 자질을 지키고 기르기 위해서는 부모에게는 여러 가지 궁리가 필요한 법입니다. 그중 한 가지는 "우리 아이는 이런 아이구나"라고 여기면서 좋은 의미로 단념을 하고 시간적 여유를 가지는 것입니다.

앞에서 말한 대로 이러한 시간은 반드시 지나갑니다. 긴 안목으로 보면 한때입니다.

Q&A 21
어떻게 예의범절을 가르치면 좋을까?

동생을 질투하는 아이

Q 동생이 태어나기 전에는 형이 되는 것에 대해 기쁘게 생각하더니 실제로 동생이 태어나고 나서는 싫은 것만 잔뜩 있는지 동생을 때리려고 하는 일조차 있습니다. 안 된다고 하면 크게 울어버리고 일부러 나쁜 짓을 하려고 해서 감당할 수 없습니다. 34개월

A 아이가 생기는 것은 부모에게는 당연히 행복한 일이므로 큰아이이게도 그것은 기쁜 일이 되기를 바라는 것은 당연합니다. 그렇지만 큰아이에게 형제가 생기는 것은 태어나서 처음으로 질투라고 하는 감정을 체험하는 계기입니다. 동생이 태어나기 전에 그림책 등을 보면서 "형이 되는 거야"라는 말을 들을 때 착한 뇌가 반응합니다. 엄마가 기뻐하고 있기 때문에 인지적으로 기쁜 일이라고 학습합니다. 그러나 실제로 태어난 아기가 항상 엄마에게 안겨 있어서 엄마 젖을 먹고 있고, 자신이 응석을 부릴 때도 기다리라는 말을 듣는 현실에서는 성남, 질투, 슬픔 등의 어쩔 수 없는 감정이 싫어싫어 뇌로부터 넘쳐흐르게 됩니다. 그러한 감정이 아기를 때리는 행동으로 나타납니다.

예의범절 가르치기 과정에 비추어 생각해 보면 ❶의 틀은 아기(동생)를

때리면 안 된다고 알려주고 제지하는 것입니다. 그러면 ❷에서 큰아이는 크게 웁니다. 이때 여기서 큰아이의 감정을 확실하게 인정해 주고 안아 주는 것이 중요합니다. 그것이 ❸의 과정입니다. 동생이 태어나서 싫고 차라리 없는 편이 좋겠다거나 아기가 밉다고 생각하는 감정을 인정해 주기 바랍니다.

이러한 감정은 부모 입장에서는 있어서는 안 되는 감정이지만 형제라면 그럴 수 있다고 이해를 하는 것이 필요합니다. 큰아이가 동생이 태어나서 변해 버린 일상에 적응하고, 걱정하지 않고 마음을 편하게 갖기 위해서 변화에 의해 생기는 불쾌한 감정을 제대로 부모에게 인정받을 필요가 있습니다.

그러는 사이 동생은 자신의 손으로 먹을 것을 먹기도 하고 큰아이에게 의지하기도 하며 성장합니다. 자신의 반응에 큰아이가 웃어 주고 하면서 형제애가 싹틉니다. 처음에는 불쾌할 수밖에 없는 큰아이의 기분을 제대로 인정해 주면 동생이 태어나서 생기는 문제가 쉽게 해결됩니다.

예로부터 동생이 태어나면 큰아이는 아기처럼 어리광부린다는 건 잘 알려져 있습니다. 아기로 되돌아가고 싶은 무의식적인 방위는 자신의 생각을 부모에게 인정받기 위해 흔히 생기는 방책입니다. 어리광을 부릴 때 부모가 그 생각을 짐작하고 신중하게 아기처럼 대해 주면 동생이 태어난 것에 대한 변화에 적응하게 되고 기분도 만족시킬 수 있습니다. 그러나 어리광을 부리는 것이 아니라 폭력과 같은 형태로 그 생각을 직접 부딪치는 아이는 혼나기 때문에 자신의 만족할 수 없는 기분이 수용되는 기회를 놓쳐 버립니다.

동생이 태어난다는 것은 큰아이에게 있어 불쾌한 체험입니다. 부모는 아이의 반응을 당연하다고 생각하면서 제대로 수용하고 만족시켜 주는 것이 중요합니다. 그렇게 하는 것이 형제를 사이 좋게 지내게 하는 길이라는 걸 유념하기 바랍니다.

Q&A 22
어떻게 예의범절을 가르치면 좋을까?

마트에서 자꾸 사 달라고 떼쓰는 아이

Q 마트에 갈 때마다 사 달라고 소란을 피웁니다. "오늘은 사 주지 않을 거야"라고 하거나 "하나만 사 준다"라든가 등의 약속을 하고 나가지만 막상 가면 그 약속을 잊어버리고 소동을 피웁니다. 그 모습이 볼썽사납고, 주변에 폐를 끼치기 때문에 결국은 사 주게 됩니다. 그러면 안 된다는 것을 알고 있지만, 다른 집 아이를 보면 잘 참는 아이도 많은데 우리 아이만 안 그런 거 같아 괴롭습니다. 27개월

A 이 시기의 아이는 가지고 태어난 성격을 그대로 표출하는 시기라서 얌전한 아이도 있지만 힘이 넘쳐 괴수와 같은 아이도 있습니다. 때문에 다른 집 아이와 비교하지 않는 것이 중요합니다.

설령 어떤 성격의 아이라도 부모에게 있어서는 '좀 더 이랬으면 좋겠는데'라는 생각이 드는 법입니다. "사 줘, 사 줘" 하면서 공공장소에서 소란을 피우는 것은 마의 2세에 일어나는 전형적인 장면입니다. 예의범절을 가르치는 과정은 지금까지 말한 것과 같습니다.

❸에서 "사 주지 않으면 화낼 거야"라는 기분을 공감해 주면서도 사 주지

않는다는 틀을 유지합니다. 사 달라고 하면서 아이가 나자빠져도 주변에 그다지 폐가 되지 않는 상황이면 예의범절 가르치기의 과정의 원칙을 일관되게 유지하고 아이의 안전을 확인하면서 방치해 두는 것이 좋습니다. 그동안 엄마는 쇼핑을 계속합니다. "사 줘 사 줘" 하는 것을 억제하기까지는 수개월에서 일년 정도가 걸리기도 합니다. 집에서 나가기 전에 "사 주지 않을 거야"라고 말하고, 마트에서 언행을 일치시켜서 아무리 원해도 손에 넣을 수 없다는 것을 아이가 경험하는 데 의의가 있습니다.

그런데 힘이 넘쳐나는 건강한 아이의 경우 그렇게 간단하지만은 않을 수도 있습니다. 공공장소에서 소리를 빽빽 지르며 폐를 끼치면 아이를 컨트롤할 수 없는 상태가 돼 부모로서는 정말로 어떻게 할 수 없는 기분이 듭니다. 그런 경우에는 그 장소에서 할 수 있는 방법은 없습니다. 그렇다고 해서 공포 분위기를 만들어 아이를 컨트롤 하면 부모의 힘으로 아이를 지배하는 관계를 만드는 것이 되어 버립니다. 자녀가 장래에 행복하게 되는 방향이 아닙니다. 그렇다면 어떻게 해야 할까요?

'이런 시기구나' 하는 것을 받아들이고 그러한 상태가 되는 것을 피하는 방법을 찾아 부모 자식의 관계에 금이 가지 않도록 하는 것이 현명한 선택일 것입니다. 쇼핑을 하는 방법 등을 연구해서 애초에 아이를 데리고 마트에 가지 않는 등의 궁리를 합니다.

이러한 시기는 긴 인생에서 한때입니다. 아이가 성장하면 이 또한 지나가게 됩니다. 앞서 말했듯 그 기간 동안 부모 자식 관계에 금이 가지 않는 것이 중요합니다. 아이의 개성을 받아들여 이에 맞춰 혼내지 않고 지낼 수 있는 생활 시간을 확보하면 엄마도 즐겁고 아이도 건강하게 자랄 수 있습니다.

건강한 2세 아이를 키우는 것은 어른과 아이의 지혜의 우열 겨루기입니다. 예측하고 대처하기 위한 준비를 하지 않고서는 외출할 수 없습니다. 아이가 성장하기 때문에 예상 외의 반응을 해서 곤란한 경우도 있지만 울거나 떼를 쓰는 것을 예상하고 부모가 대책을 강구하고 준비를 하는 것 자체가 아이를 있는 그대로 받아들이고 자녀 중심으로 시점을 옮기는 자세입니다. 아이에게 '당했다'라는 생각이 들기도 하지만 '고 녀석 참 약아졌네'라고 웃으면서 넘기기 바랍니다.

Q&A 23
어떻게 예의범절을 가르치면 좋을까?

**말을 듣지 않기 때문에
'예의범절' 앱에 의존하고 싶어요**

Q 아이가 "싫어싫어"만 해 대고 부모가 말하는 것을 듣지 않기 때문에 두려움을 주는 예의범절 가르치기 앱을 들려 주고 있습니다. 지금은 꽤 효과가 있는 것 같지만 아이가 자라면 효과가 없어질 텐데 어떻게 하면 좋을까요? 2세 6개월

A 공포 분위기를 조장하면 아이는 말을 듣습니다. 왜냐하면 '싫어싫어 뇌'는 생명을 지키기 위한 기능을 하는 장소이기 때문입니다. 큰소리로 울었는데 두려움을 느끼면 아이는 생명을 유지하기 위해 말을 고분고분 듣는 선택을 합니다. 즉, 싫어싫어 뇌만 기능을 하는 것입니다. 착한 뇌와의 정보 교환은 일어나지 않습니다. 그 결과 공포를 전달하면 말은 듣지만 공포를 전달하지 않으면 말을 듣지 않는 상황을 초래합니다. 자율이 아닌 타율의 회로가 생겨 버리는 것입니다. 앱에 의지해 전달하는 공포는 아이가 성장해서 지혜가 생기면 예전만큼 두려움을 줄 수 없기 때문에 별로 효과가 없다고 생각할 수도 있습니다. 부모가 아이를 마주 보는 것을 피하고 앱에 의존하면 아이가 부모에 대해 신뢰를 잃게 되는 것이 더 큰 문제입니다.

아이에게 안 된다고 하는 틀을 제시하는 것은 부모도 에너지를 사용하는 것입니다. 예의범절 가르치기의 과정인 ❶ 이후에 ❷의 큰 울음이라고 하는 것을 각오하면서 ❶을 제시하는 것입니다. 다시 말하면 예의범절을 가르치려고 할 때 부모가 아이의 저항에 대한 각오가 되어 있는지 추궁을 받는 것입니다. 울음이 제어될 때까지 기다려 주면 예의범절 가르치기의 과정이 완성됩니다. 아이가 크게 울 때 이것을 받아들이는 부모가 있어야 비로소 아이도 자율의 힘을 기르게 됩니다. 부모가 앱을 이용해 아이를 야단친다면 그 과정으로부터 도망치는 것입니다. 이러한 방법으로 아이를 야단치게 된다면 아이가 사춘기가 되었을 때, 아이는 부모를 조롱하게 됩니다. 부모가 자신으로부터 도망치고 있다는 것을 이미 알고 있기 때문입니다.

아이가 자신을 혼내는 부모의 팔에 안기고 싶다고 생각하는 것이 바로 부모 자식의 관계입니다. 다른 사람에게 혼나면 그 사람의 가슴에 안기고 싶다고 생각하지 않습니다. 아이는 부모에게 야단을 맞는데도 불구하고 부모에게 안겨서 안심하고 싶은 욕구를 가지고 있습니다.

부모는 부모이기 때문에 자녀에게 미움을 받지 않습니다. 자녀의 건강과 생명을 위해 필요한 경우 예의범절의 틀을 정하면 됩니다. 피하거나 자녀의 안색을 살필 필요가 없습니다. 자녀는 부모의 진심에 반응합니다. 부모가 웃으면서 무서운 앱 화면으로 혼내는 것은 자녀와의 관계에 자신을 갖지 못한다는 것입니다. 자녀는 부모가 자신과 마주 대하기를, 그리고 부모가 안 된다고 말해서 자신을 지켜 주기를 바라고 있습니다.

카운슬러 엄마의 에세이 3

'더 이상 참을 수 없어' 아들의 한마디에 정신이 번쩍 들었다
- 토미타 아사미 -

"화장실! 작은 거 쉬하고 싶어."

올해로 세 살 된 아들은 서서 소변을 보는 것을 싫어해서 바지도 팬티도 양말도 벗고 앉아서 소변을 보곤 합니다. 오늘도 간신히 시간에 맞춘 얼굴입니다. "옷에다 쉬 한 거 아니지?" 하고 물어보면 "뭐, 괜찮아" 하고 어른 흉내를 냅니다.

아들이 어른처럼 말하는 것이 이상하기도 해서 별생각 없이 하하 웃곤 했던 것이 올 1월경입니다. 유치원 입학할 4월 〔옮긴이〕 일본의 신학기는 4월에 시작함이 다가오면서 엄마들의 대화 주제는 주로 유치원 이야기였습니다. 아이들 입학 용품을 준비하는 방법부터 올해 입학 정원 등 여러 가지 이야기가 난무했습니다.

"아이들이 많을 텐데 본인이 의사를 제대로 표현하지 않으면 선생님이 다 일일이 챙겨 주지 못할 것 같아요."
"유치원 생활을 잘할 수 있을까요?"

오늘도 우리 아이는 "싫어"라고 떼쓴다

엄마들끼리 하는 이야기지만 유치원 입학이 다가오면서 걱정이 머릿속에 점점 쌓여 갔습니다. 아들은 오줌 싸기 직전에야 화장실에 가고 싶다고 말을 하고, 화장실 갈려면 전부 옷을 벗어야 하는데, 오줌이 흘러나오거나 바지에 쉬를 해 버리면 어쩌지. 최근에는 옷을 갈아입으려고 하지도 않는데. 급식은 괜찮을까. 채소는 최근에 먹은 적이 없는데. 아이가 할 수 없는 것이 하나둘 생각이 나기 시작하면서 걱정이 끝없이 이어졌습니다.

"화장실! 작은 거 쉬하고 싶어."

아들은 여느 때처럼 화장실을 가기 전에 옷을 전부 벗고 싶어 했습니다. "전부 벗지 않아도 돼. 한번 해 봐"라고 말하며 아이를 잡아 끌었지만 어쩐지 끌어당길 수가 없었습니다. "할 수 있을 거야"라고 이리저리 말해도 결국 전부 벗어 버리는 아들을 보니 짜증이 쌓였습니다.

정신을 차리고 보니 화장실 갈 때나 밥 먹을 때, 옷을 갈아입을 때도 "해 보자. 이제 유치원 형아잖아"라는 말을 반복하고 있었습니다. 그렇게 맞이한 유치원 입학식 날. 아들에게 있어서 행사는 길었고 처음 가 보는 낯선 장소였습니다. 처음인 것 투성이다 보니 매우 지친 모습이었습니다. 어느 정도 예상을 했지만 행사 마지막에 "밖에 나가고 싶어"라며 떼를 썼습니다. 그러고는 "더 이상 참을 수 없어"라고 한마디 덧붙였습니다. 말 그대로 아이는 이미 참을 만큼 참았다는 것을 순간 깨달았습니다.

아들은 3월 말에 태어나, 이제 막 세 돌이 되었으니 한창 장난 칠 나이였습니다. 아침부터 긴장해서 가만히 있었고, 하고 싶지 않은 것 투성이였습니다. 최근에도 쭉 그랬습니다. 엄마가 많은 것을 참게 했습니다. 나 스스로가 불안하고 초조해 긴장을 하고 있었습니다. 그런 개운치 않은 감정이 아들에게 전해지고 있었습니다. 언제나 "이제 곧 유치원생이야"라고 말하며 마음이 두근거렸습니다. 아들은 응석 부리고 싶은 마음이 가득했을 텐데 말입니다.

자신에 대해 한심한 기분과 아이에 대한 미안한 마음이 가득하게 되었습니다. 나자빠진 아들을 안고 체육관 뒤로 가서 행사에 참여했습니다. 입학식을 마칠 때까지 식장에 있었고 그날은 아들을 많이 안아 주었습니다. 아들아, 힘들었겠다. 많이 지쳤겠구나.

그렇게 유치원 생활을 시작했습니다. 화장실 가는 것이나 옷 갈아입기, 밥 먹는 일들이 제대로 되기도 하고 안 되기도 합니다. 아침에는 울면서 유치원 버스에 타기도 하고, 내릴 때는 힘차게 손을 흔들며 친구와 헤어집니다. 지금 세 살이 된 아들의 모습입니다. 매일매일 여러 가지 일이 일어나고 있지만 서로 "뭐, 괜찮아"라고 하면서 지내고 있습니다.

- 제5장 -

부모의 SOS 사인

이번 장에서는 예의범절 가르치기를 둘러싸고 악순환이 생겨버리는
상황에서 어떻게 하면 악순환을 해결할 수 있는지 그 방법에 대해
제시하려고 합니다.

Q&A 24
이럴 때 어떻게 하면 좋을까?
엄마를 때리는 아이

Q 아이가 제 뜻대로 되지 않으면 엄마를 때립니다. 그만하라고 하면 더 세게 때리기 때문에 화가 나기도 합니다. 예를 들면, 식사 준비를 하려고 냉장고 문을 열었는데 아이가 매우 좋아하는 딸기가 안에 있는 걸 보고는 먹고 싶다며 떼를 씁니다. "동화책을 읽든지 밖으로 나갈래?"라고 주의를 환기시켜도 거기서 때리려고 달려듭니다. 아이한테 맞으면 아프기도 하고 제어가 되지 않아 결국에는 딸기를 줄 수밖에 없는 상황이 됩니다.

28개월

A 아이는 자신의 싫어싫어 뇌로부터 욕구가 존재하고 있는 것을 인정받고 싶은 것입니다. 그 욕구가 존재하고 있다는 것을 인정해 주는 것과 아이가 말하는 대로 하는 것은 다릅니다. 아이와의 의사소통에 있어 그 부분이 어긋나기 때문에 아이의 화난 감정이 증가한 것입니다.

예의범절 가르치기의 과정에 적용해 보겠습니다. 이 타이밍에서 딸기를 먹고 싶다고 떼를 쓰는 아이를 발견합니다. 그래도 지금은 먹게 할 생각이 아니라면 ❶ "지금은 먹지 않아요"라고 명확하게 전달하여 예의범절의 틀을 제시합니다. 규칙에 맞는 식사 습관은 아이의 생명과 건강을 지키기 위해 필요한 것입니다. 예의범절을 가르치기 위해서는 먼저 ❶의 예의범절의 틀을 이해하기 쉽게 제시하는 것이 필요한데 의뢰인의 경우는 명확한 틀을 제시하지 않았습니다. 엄마는 "동화책을 읽든지 밖으로 나갈래?"라고 말해 아이의 관심을 돌리려고 했습니다. 지금 딸기를 먹고 싶어서 어쩔 수 없는 아이의 기분을 없애려고 한 것입니다. 주위를 환기시켜 감정을 없애려고 하는 것은 감정 조절의 힘을 기르는 데 효과적이지 않습니다. 싫어싫어 뇌는 욕구가 받아들여지지 않으면 욕구를 관철시키는 그 방향으로 움직여 아이가 보다 격하게 울면서 자기주장을 하기 때문입니다. 그리고 아이는 자신의 생각을 엄마가 들어주지 않는다는 것을 알기 때문에 화가 납니다. 그래서 엄마한테 폭력적이게 됩니다. 옥신각신한 끝에 엄마가 딸기를 주면 아이는 폭력을 행사하면 원하는 것을 손에 넣을 수 있다고 잘못된 학습을 하기 쉽습니다. 게다가 딸기를 얻었지만 임마가 화가 나 있기 때문에 안심을 하지 못하고 딸기를 먹어도 기분이 불쾌합니다. 딸기를 먹고 조용해졌지만 감정 억제에 곤란을 겪습니다.

예의범절 가르치기 과정을 한 번 더 확인해 보겠습니다. ❶ "지금은 딸기를 먹지 않아요"라고 말하면, ❷ 아이는 나자빠지며 울고불고할 것입니다. ❸ "딸기를 보니 먹고 싶지? 그건 그래"라고 싫어싫어 뇌의 욕구는 받아들이면서 딸기를 먹지 않게 하면 아이가 엄마를 때리지 않게 됩니다. 싫어싫어 뇌가 폭주하면 그 후에 억제하고 싶어도 방법이 없습니다. 억제하는 것을 꼬투리 삼아 딸기를 먹고 싶어 하는 욕구를 긍정하고 싶은 것입니다. 엄마를 때리는 것은 엄마에게 나의 싫어싫어 뇌의 기분을 알아 달라고 호소하는 것입니다. 왜 알아주길 원하는 걸까요. 엄마가 자기 기분을 이해해 주면 아이는 안심을 해서 욕구를 억제하는 것이 가능해지기 때문에 "엄마, 도와줘"라고 말하는 것입니다. 이 나이에서는 엄마가 "딸기를 먹고 싶었구나. 그런데 딸기를 먹을 수 없고 참아야 되니 힘들겠네"라고 공감해 주면 아이는 점차 참을 수 있게 됩니다.

그렇다고 해도 항상 예의범절을 운운하면 지쳐 버립니다. 냉장고를 열었는데 아이가 딸기를 본 경우 "아, 들켰구나. 난리가 나겠네. 줘야지, 뭐"라고 생각했다면 분쟁이 일어나기 전에 "특별히 한 개만이야" 또는 "이 딸기가 우리 아들의 입에 들어가고 싶은가 보네" 등으로 연출하는 것이 자녀교육을 즐겁게 합니다. 엄마와 함께 놀면서 즐겁게 맛을 보는 쪽이 한바탕 소동이 지나간 후에 먹게 되는 딸기 한 개보다 더 맛있는 법입니다. 어른은 2세 아이와 대등하지 않습니다. 어른답게 아직은 막무가내인 2세 아이와의 생활을 즐길 수 있으면 좋겠습니다.

Q&A 25
이럴 때 어떻게 하면 좋을까?

물건에 대한 집착이 강한 아이

Q 아이는 물건에 대한 집착이 강해서 같은 것이 아니면 싫어합니다. 같은 신발이 아니면 싫어하고, 언제나 같은 길을 걷지 않으면 싫어하고 동일한 식기랑 포크가 아니면 먹으려고 하지 않습니다. 우리 아이가 발달장애일까요? 32개월

A 2세가 되면 다양한 개성을 발휘합니다. 확실히 발달장애가 있는 아이도 물건에 대한 집착이 강하고 기르는 데 있어 힘든 면이 있습니다. 그러나 물건에 대한 집착이 강하다고 해서 발달장애와 직접적으로 연결되는 것은 아닙니다.

이 단계에서 중요한 것은 아이가 자신의 페이스를 존중 받고 안심하면서 발달해가는 관계성을 보장 받는 것입니다. 그러면 나이가 들었을 때에 물건에 대한 집착이 개성으로 바뀌어 문제가 없어지기도 합니다. 발달장애가 있는 게 드러나기도 하지만 그 시기에 꼭 받아들여야 하는 경험을 쌓아 올리는 것이 장애의 부분을 커버하면서 적응해 나가는 힘이 기르는 데 도움이 됩니다.

이 시기에 아이가 같은 것이 아니면 싫다고 한다면 아이가 원하는 대로 해 주기 바랍니다. 같은 양말을 여러 개 준비해 두거나 이동할 때 같은 식기를 가지고 다니는 것 등의 방법이 있습니다. 아이의 개성으로 인정하고 보장해 주면 부모와 자식 간의 스트레스가 줄어듭니다. 융통성을 가지고 아이와 즐겁게 지내는 것이 중요합니다. 같지 않으면 불안하고 불쾌한 감정이 생기기 때문에 같은 물건에 집착하게 되는데 그러한 것을 존중해 주면 불안이나 불쾌감이 해소되어 물건에 대한 집착도 줄어들게 됩니다. 그리고 아이는 부모가 자신의 불안과 불쾌감에 대처해 준다는 것을 알게 되어 한층 편안함을 느끼고 물건에 대한 집착이 줄어듭니다. 반대로 물건에 대한 집착을 억지로 교정하려고 하면 자녀는 불안해하고 불쾌감이 증가해 집착이 더 강해집니다.

예의범절 가르치기의 틀을 설정하는 것은 사회의 규칙과 생명과 건강을 지키기 위한 제한입니다. 그리고 그것은 발달단계에 입각하여 제한하는 것이 필요합니다. 아이가 "같은 것이 아니면 싫어" 하며 물건에 대한 집착을 보이는 것은 사회의 규칙에 반하고 있는 것이 아니며, 같은 포크를 사용한다고 해서 건강을 지키지 못할 이유도 없습니다. 발달단계를 고려하면 아직 유아입니다. 때문에 2~3세 아이의 물건에 대한 집착을 예의범절 가르치기의 틀로 설정하여 교정해야 하는 것은 아닙니다. 아이의 생각을 존중해 주세요. 대개는 자연스럽게 지나갑니다.

Q&A 26

이럴 때 어떻게 하면 좋을까?

2세 아이의 물어뜯은 버릇

Q 2세가 되더니 친구들을 물어 곤란합니다. 장난감을 서로 뺏거나 조금이라도 갈등이 생기면 이로 물려고 합니다. 속도가 재빠르기 때문에 아차 하는 순간 물어 버리는데 마치 동물과도 같습니다. 주변의 엄마들이 증오의 눈으로 쳐다보기 때문에 아이를 심하게 혼내고 수십 번도 넘게 그렇게 하면 안 된다고 가르칩니다. 당시에는 그러면 안 된다는 것을 이해하고 있는 것 같지만 다음에 또 그렇게 반복합니다. (2세 6개월)

A 2세 시기의 건강한 남자아이 중에 물어뜯는 버릇이 있는 경우가 있습니다. 싫어싫어 뇌로부터 에너지가 넘쳐나는 아이, 즉, 힘이 강한 타입의 아이는 정말 동물과 같은 상태가 되어 버립니다. 그것 자체는 2세 아이로서는 좋은 것이지만 물린 아이는 파랗게 이빨 자국이 생기기 때문에 아이의 엄마는 괴롭습니다. 또 물린 아이의 입장에서 보면 그런 아이는 공원에 오지 않았으면 하는 마음이 생기는 것도 당연합니다.

물어뜯는 버릇은 그 상태를 악화하는 자극이 없으면 "사 줘, 사 줘" 하는 시기와 마찬가지로 일정한 시기가 지나 자연스럽게 고쳐집니다. 그러나 엄마와 엄마 친구들과의 어려운 인간관계, 가해하는 입장에서 우리 아이를 제어할 수 없어 괴로워하는 등 악순환에 빠지면 문제를 수습하는 데 시간이 걸리는데다 습관이 고쳐지지 않고 지속될 수도 있습니다.

중요한 것은 2세 아이의 물어뜯는 버릇을 유별난 것이 아니라고 엄마가 받아들이는 것입니다. 그렇지만 아이가 실제로 물어 버리면 곤란한 일이 많이 일어나기 때문에 아이의 엄마는 아이를 지키기 위해 공원 등 문제가 일어날만한 장소나 집단에 아이를 데리고 가지 않는 것이 필요할지도 모릅니다. 집단 안에 들어가 분쟁이 일고 아이를 혼내는 일이 반복되면 악순환이 되어 빠져나올 수 없기 때문입니다.

무는 행위는 사회 규칙의 관점에서 보면 안 되는 것이지만 2세라는 발달 단계를 고려하면 안 된다는 틀을 정하는 것은 의미가 없습니다. 또한 물어 버리는 행위는 그 순간 이미 끝나 버리는 것이기 때문에 예의범절 틀을 제시하여 가르칠 수도 없습니다. 그리고 나중에라도 그렇게 하면 안 된다는 말을 반복해서 들으면 아이의 착한 뇌에는 자존심에 상처가 생기게 됩니다.

물어서 상대방 아이가 울고 엄마가 머리를 조아리는 모습, 그것이 무엇을 의미하는지는 2세 아이라도 감각적으로 알고 있습니다. 그 때문에 자신이 '나쁜 아이'라고 생각하게 됩니다. 장래를 생각할 때 이 점이 더 걱정스럽습니다. 어차피 무는 것은 자연스레 치유가 됩니다. 그러나 자신을 나쁜 아이라고 생각하는 것은 사라지지 않고 지속됩니다.

그러므로 공원에서 엄마가 사과를 했다고 해도 돌아오는 길에 제대로 아이를 안아 주고 "장난감을 뺏기기 싫었던 거지?"라며 주의 깊고 신중하게 감정의 사회화를 촉진시켜 주기 바랍니다. 싫어싫어 뇌가 폭주해 버렸다고 해도 엄마에게 사랑 받고 있다는 것을 알면 아이는 안심하고 초등학생이 될 무렵까지는 착한 뇌에 의해 억제가 가능해집니다.

여기서 안도감, 안정감을 얻지 못하고 자신이 나쁜 아이라는 생각이 스며들면 초등학교에 들어가도 폭력과 폭언을 계속하게 됩니다. 주변에 아이의 물어뜯는 버릇 때문에 고민하고 있는 엄마가 있다면, 근처의 엄마 친구가 그 기분을 이해해 주면 구세주라도 만난 듯한 기분이 되어 아이에게 너그러운 마음을 갖게 될 것이라고 생각합니다.

Q&A 27
이럴 때 어떻게 하면 좋을까?

관심을 보이지 않으면
기분이 좋아지는 아이

Q 부드럽게 하는 편이 좋은 것이라고 알고 있지만 부드럽게만 하면 계속 꾸물거리고 엄마 말을 무시합니다. 그러다 관심을 보이지 않으면 아이는 포기합니다. 그런데 최근 제가 관심을 보이지 않고 무시를 하면 갑자기 기분이 좋아져서 호빵맨 노래를 부르기 시작하거나 칭찬 받기 위한 행동을 합니다. 분위기를 파악하지 못하는 아이인 듯해 걱정이 됩니다. 35개월

A 마음이 건강한 아이로 기르기 위해서는 아이가 엄마의 얼굴을 보면 안심하는 관계가 절대적으로 필요합니다. 의뢰한 엄마는 아이가 꾸물대고 있을 때 자신이 견디지 못하는 기분이 드는 것에 더해 그 불쾌한 감정으로부터 자신을 지키기 위해 아이에게 관심을 보이지 않게 된 것이라 추측해 봅니다. 엄마의 기분에 대해서는 6장에서 자세히 설명합니다.

부모가 정말로 무시를 하면 아이의 싫어싫어 뇌는 보호를 기대할 수 없다는 것을 학습해서 자력으로 해결하기 위한 스위치를 켭니다. 그것이 1장에서 설명한 그림4(울지 않는 아이가 나중에 걱정되는 이유, 23쪽)에서 제시하고 있는 상태입니다. 이 나이에서의 할 수 있는 최대한으로 착한

뇌가 작용을 해서 싫어싫어 뇌를 안에 넣고 가둡니다. 싫어싫어 뇌는 생존을 하기 위한 기능을 하는 것입니다. 부모에게 사랑 받지 못하면 아이가 살아가는 것이 불가능하기 때문에 관심을 받지 못하거나 체벌로 공포가 전달되는 환경에 처하면 싫어싫어 뇌는 숨을 죽이고 미숙한 착한 뇌가 전력으로 지혜를 짜내 살아남게 됩니다. 그것이 이 경우처럼 아이가 호빵맨 노래를 부르는 것으로 반응하는 것입니다.

미숙한 뇌 안에 어떤 감정을 조절하는 중요한 기능을 제대로 기르기 위해서는 울고 싶을 때에 안심하고 울 수 있는 환경, 부모에게 보호 받는 환경이 필요합니다. 부모가 무시를 하거나 정신적인 문제 등 때문에 자녀의 기분을 헤아리지 못할 때에 자녀가 부모를 걱정하게 됩니다. 자녀는 부모를 위해 울지 않는 것에 익숙해지고 부모를 즐겁게 하기 위한 행동만 하게 됩니다. 아픈 척을 하거나 우는 척을 해서 자녀가 부모를 걱정하게 하여 자녀를 조절하는 것은 적절하지 않습니다. "와앙" 하고 우는 아이는 건강한 아이입니다. 부모가 자신을 보호하는 존재라는 것을 의심의 여지없이 받아들이고 있다는 의미입니다.

아이에게 상냥하게 대하고 아이의 기분을 받아들이는 데에 저항이 있는 경우에는 부모에게 그럴 수밖에 없는 이유가 있습니다. 과거에 상처가 있지만 상처가 난 것을 알아채지 못하고 긴 시간이 흘렀다면 새삼 그 오래된 상처로 인해 흔들리는 것은 괴로운 일입니다. 자녀교육을 하고 있으면 이미 고쳤다고 생각한 오래된 상처가 사실은 치유되지 않아서 부모로서의 관계에 대해 소극적이 되어 버리기도 합니다. 그렇지만 아이를 건강하게 기르기 위해서는 부모 자신이 오래된 상처를 피하지 말고 자신이 아픔을 받아들이는 것이 좋습니다. 누구라도 상처를 입으면 아픕니다.

Q&A 28
이럴 때 어떻게 하면 좋을까?

유치원에 가기 싫어서 늑장을 부리는 아이

Q 아이가 세 살이 되어 봄부터 유치원에 다니기 시작했습니다. 6월경부터 아침에 꾸물대더니 유치원에 가고 싶지 않다고 합니다. 유치원 버스 타는 것을 싫어하기 때문에 나중에 따로 보냅니다. 유치원 선생님이 엄마가 없으면 태연하게 잘 놀아서 괜찮다고 말해 울부짖는 상태로 두고 오는 경우도 자주 있습니다. 유치원에 처음 입학했을 때는 울지도 않고 꾸물대거나 하지 않았습니다. 40개월

A 아직 어리기 때문에 그날의 몸 상태나 대수롭지 않은 리듬이 어긋나는 것만으로도 아침에 가고 싶지 않은 기분이 되기도 합니다. 발달단계로 보면 아직 '유치원이라고 하는 한계'와 '왜 거기에 다닐까' 등의 의미를 착한 뇌가 이해하고 있을 리가 없기 때문에 신체의 불쾌함을 느끼면 싫어싫어 뇌가 '싫어'라고 신호를 보내는 것입니다. 아이가 유치원에 가고 싶지 않다고 말하면 어쩐지 불쾌한 기분도 들어 안 된다고 하지만, 그것보다 우선 아이의 마음을 편하게 해 주어야 합니다. 처음에는 아이와 좋은 관계를 만들기 위해 시간을 들여야 합니다.

"괜찮아"라고 말한다고 해서 아이의 마음이 편해지는 것은 아닙니다. 그것은 단순히 착한 뇌에게 인지 정보를 주는 것으로 신체는 안심할 수 없습니다. 아이가 유치원에 가고 싶지 않다는 기분을 받아들이고 공감해 주고 안아 주는 등의 스킨십을 통해 아이의 마음을 편안하게 해 줍니다. 10초간 안아 주고 3분간 쉬는 식으로 시간을 정해서 확고한 스킨십을 해 주는 것도 효과적입니다. 자신의 떨떠름한 기분을 엄마가 받아주면 아이의 기분이 나아지는 일도 이 나이에서는 자주 있습니다.

하지만 부모가 시간에 쫓기고 있을 때는 매우 곤란합니다. 그러므로 유치원에 가기 싫어서 꾸물거리는 것이 지속되는 경우는 부모가 마음을 차분히 하고 대응할 수 있는 시간을 사전에 확보해 두기 바랍니다. 자녀의 이와 같은 호소를 SOS 신호로 받아들이고 아이가 이런 반응을 보인다면 평소 시간에 쫓겨 생활하는 일이 많았는지 되돌아보고 아이와 제대로 마주하고 놀아 주는 시간을 늘리는 등의 궁리를 하는 것이 필요합니다.

아직 어리기 때문에 휴식을 하고 엄마와 충분히 지내면 다음 날에는 문제 없이 유치원에 갈 수 있을 것입니다. 중요한 것은 자녀의 호소를 충분히 귀 기울여 듣고 대응하는 것이 어긋난 일상생활을 회복하는 데 기회가 되는 것입니다.

아이가 심신이 좋지 않은 걸 표출하고, 이를 부모가 짐작하여 아이가 마음을 편하게 가질 수 있도록 페이스 조절을 해 주면 자녀는 불쾌감을 표출했을 때 해결이 된다는 것을 학습하게 됩니다. 이러한 과정을 통해 아이는 스스로의 환경을 컨트롤할 수 있고 걱정을 떨쳐버리고 사회에 나가게 됩니다.

그런데 일반적인 상담의 예와 같이 아이가 상태가 좋지 않다고 호소하는데 이를 조정하지 않고 아이를 다그쳐 등원을 강요하는 상황이 많습니다. 그렇게 되면 자녀가 저항을 해서 상태가 악화되는 경우가 많습니다. "가고 싶지 않다"고 해서 그대로 해 주면 아이가 버릇 없어진다는 불안감에서 그렇게 하는지도 모릅니다. 예의범절 가르치기의 틀에 대해 한번 더 생각해 보기로 하겠습니다. 예의범절의 틀은 사회의 규칙, 생명과 건강을 지키기 위하여 제한을 하는 것입니다. 아이는 유치원에 가고 싶지 않다고 호소하는데 부모가 유치원을 가야 한다고 하는 것은 사회의 규칙이 아닙니다. 몸 상태가 좋지 않을 때는 쉬는 것이 당연하기 때문입니다. 상태가 좋지 않은데도 억지로 유치원을 가게 한다면 생명과 건강을 지킨다고 하는 관점에서 볼 때 반대 방향입니다. 열이 나서 가고 싶지 않다고 하는 아이를 쉬게 해야 할지 고민하지는 않습니다. 일반적으로 눈에 보이는 신체의 나쁨은 중요하게 생각하지만 눈에 보이지 않은 신체의 나쁨에 대해서는 무관심한 경우가 많습니다.

심신이 나쁘다고 하는 것은 체온계로 측정할 수 없는 것인지도 모릅니다만 실제로 엄마의 눈에는 보이고 있습니다. 싫다고 말하는 모습이 그것을 보여주고 있는 것입니다. 아이가 대수롭지 않은 일로 리듬이 무너졌다는 의미입니다. 그런 경우 조금 기다려 주면 좋아집니다.

예전에는 울부짖어도 엄마가 일하러 나가 버리면 아이도 포기하고 적응하는 것이라고 생각했었습니다. 실제 그랬던 것인지도 모릅니다. 그런 아이는 집에서나 유치원, 어린이집에서 울고 싶을 때 제대로 울거나 화낼 수 없는 아이입니다. 의뢰인의 자녀처럼 유치원에 들어갈 때부터 울거나 꾸물대는 것이 전혀 없는 아이의 경우, 거기서는 나이에 맞는 감정 표출을 할 수 없는 상태에 머물러 있어 스트레스에 매우 약한 상태라고 생각됩니다. 그러한 아이에 대해서 그러한 대응을 하는 것은 매우 걱정스럽습니다.

최근 초등학교 저학년 아이들 중 학교에 가지 않으려고 하는 아이들 중 일부는 실제로 유치원, 어린이집 때부터 등원을 기피하고 있었습니다. 그런데 거기서 부모가 자녀의 심신의 부조화를 알아채지 못하고 엄마가 없어지면 아이가 괜찮다고 여기고 계속 유치원에 보냈던 사례를 자주 보게 됩니다.

자녀도 저항을 해도 소용없다고 생각하면 그림4(23쪽)의 울지 않게 되는 아이와 같은 방어기제가 작동하여 아무 일도 없는 것처럼 보입니다. 그러한 상태의 아이는 유치원에서 착한 뇌의 제어가 나이와 맞지 않게 잘 되기 때문에 울거나 꾸물대지 않습니다. 그러한 상태가 SOS이므로 등원을 기피하는 일이 생깁니다. 여기서는 잠깐 멈추고 1장의 그림2(20쪽)의 안심, 안전의 상태로 돌아갈 필요가 있습니다.

일 때문에 어쩔 수 없이 어린이집에 맡겨 둘 수밖에 없는 경우도 보건사에게 안겨 엉엉 울 수가 있습니다. 이럴 때 "엄마랑 헤어지기 싫었지?"라고 공감해 주면 시간이 지나면서 포기해가는 과정을 보장해 주는 것이 필요합니다. 씻은 듯이 기분이 급격히 치유되는 형태의 적응은 'Q&A 27 관심을 보이지 않으면 기분이 좋아지는 아이'(125쪽)에서 제시하는 시프트 체인지 옮긴이 Shift change:자녀가 본인의 감정에 충실한 것이 아니라 부모가 원하는 방향으로 행동하는 것에 의해 적응을 촉진하는 매우 걱정되는 반응입니다.

자녀가 호소하는 SOS 신호를 파악해서 일이 끝난 시간을 이용해 생활을 다시 돌아보고 자녀의 기분에 눈을 맞추는 방향으로 수정하는 것이 중요합니다. 이미 악순환에 빠져 뒤틀려 버린 경우라면 관계성 회복을 위해 2, 3개월간 휴가를 내는 결단을 하는 것이 좋습니다. 어리기 때문에 다시 관계를 만들어 나가는 것이 가능하며 초등학교에 들어가기 전에 하는 것이 좋습니다. 아이가 싫다고 하는 것에 부모가 적절하게 대응해야 아이가 마음을 편하게 갖게 되고, 이는 아이가 자랐을 때의 적응을 위해 중요합니다. 아이의 발달에는 개인차가 있습니다. 어릴 때는 그 차이를 제대로 인정해 주어야 아이가 건강하게 성장합니다.

Q&A 29
이럴 때 어떻게 하면 좋을까?

눈을 깜빡거리는 아이

Q 여아여서 그런지 두 살 때는 비교적 잘 알아들어서 그다지 고생을 하지 않았는데 최근 눈을 깜박깜박하면서 멍하니 있는 모습을 보게 됩니다. 반 년 전에 동생이 태어났는데 여러 가지 심부름도 즐겁게 해 주었고 지금까지 부모를 곤란하게 한 적은 없었습니다. 그런데 엄마 친구들이 "틱 옮긴이 Tic:근육의 불수의 운동을 일으키는 신경병이 생겼네"라고 해서 충격을 받았습니다. 치유가 될까요? 3세 6개월

A 아이들은 누구나 저마다의 개성이 있습니다. 'Q&A 26 2세 아이의 물어뜯은 버릇'(122쪽)에서 에너지가 남아돌아서 달려들어 무는 아이에 대해 상담을 했었습니다. 그 상담처럼 평상시는 얌전해서 어른들이 하는 말을 잘 듣고 분별이 좋은 아이가 되는 타입도 있습니다. 이것은 개성의 차이입니다.

야수가 된 아이의 경우는 부모 스스로 자녀에게 맞추어 변할 수밖에 없는 경험을 합니다. 하지만 얌전한 타입의 아이의 경우 평상시는 보통으로 지내서 자녀의 불쾌한 감정을 제대로 마주할 기회를 얻기 어렵습니다. 틱이 생기기 시작했다는 것은 싫어싫어 뇌와 착한 뇌가 균형을 이루지 못하

고 착한 뇌의 제어가 너무 강하게 되는 것을 의미합니다. 어쩌면 싫어싫어 뇌로부터 싫어싫어의 감정이 있는데도 밖으로 표출하지 못하는 상태에 있는 것인지도 모릅니다.

반 년 전에 동생이 태어났고 즐겁게 심부름을 했었네요. 3세 6개월이 되면 엄마 흉내를 내서 도움이 되는 것을 즐길 수 있는 나이인지도 모릅니다. 그러나 4장의 'Q&A 21 동생을 질투하는 아이'(104쪽)에서 제시했습니다만 동생이 태어났을 때 큰아이는 질투라고 하는 다루기 어려운 불쾌 감정을 반드시 경험합니다. 큰아이의 질투하는 감정을 부모가 안 된다고 하면 불쾌 감정이 억제되고 좋은 누나라는 것만 스스로 인식하게 되어 착한 뇌가 제어를 강화합니다. 그것은 건강하게 자라는 방향과 다르기 때문에 이상 징후가 생깁니다.

아이의 신체적 증상도 의사소통의 기능을 가지고 있습니다. '정말 싫어'라고 하는 기분이 신체의 반응으로 나오는 것입니다. 그것을 짐작해서 말로 정리해 주면 병증은 치유됩니다. 큰아이가 '작은아이에게 유쾌하지 않은 기분을 갖는 것은 당연하며, 그러한 마음은 있어도 괜찮다'라는 것을 부모가 확실히 인식하는 것이 첫걸음입니다.

부모의 인식이 변하면 자녀의 반응은 달라집니다. 그리고 자녀가 그러한 기분을 말로 쉽게 할 수 있도록 엄마가 먼저 말을 건네주기 바랍니다. 부모가 적극적으로 '아기 흉내 놀이'를 해 주는 것도 좋다고 생각합니다. 그리고 일상 생활에서도 아프다든가 무섭다든가 하는 사소하게 싫은 것들을 말해 주고 인정해 주세요. 그러한 방법들은 과거로 돌아가는 형태로, 본래 2세 때의 체험해야 했던 '손이 가는 2세 아이의 체험'을 이제부터 하게 될 지도 모르지만 꼭 필요한 과정입니다. 아무리 우수한 아이라도 제대로 울고 제대로 화내고 제대로 흐트러지는 것이 필요합니다.

Q&A 30
이럴 때 어떻게 하면 좋을까?

머리카락을 뽑는 아이

Q 이른바 '우등생'을 목표로 하고 있습니다. 주변의 엄마들을 보면 모두 열심이라 자녀에게 틱이 생기는 것은 아랑곳하지 않고 이런 정도의 스트레스를 견디지 못하면 합격을 할 수 없다고 하는 목소리가 높습니다. 우리 집 아이는 가만히 있는 것이 힘든 타입이지만 집중해서 과제에 임할 수 있도록 격려해 왔습니다.

그런데 문득 머리카락을 스스로 뽑고 있는 모습을 보게 되었습니다. 그만하라고 하면 패닉이 되어 난폭해집니다. 분명 시험이 스트레스일 것이라는 생각은 듭니다. 그래도 계속 분발해서 열심히 해야 하지 않나 하는 마음도 있습니다. 스트레스에 강해지려면 어떻게 해야 하나요? 4세 6개월

A 자녀의 싫어싫어 뇌는 생명을 지키기 위한 기능을 하고 있습니다. 생명을 지킬 수 없는 상태가 되면 여러 가지 반응이 일어납니다. 틱도 스스로 자기 머리카락을 뽑는 행위도 착한 뇌의 제어가 너무 강해서 싫어싫어 뇌가 제대로 기능할 수 없는 상태에 나타납니다. 자녀의 뇌가 필사적으로 SOS를 보내고 있는 상태입니다. 그 사인을 무시하면 정신 건상 상태는 보다 심각한 단계로 진행합니다.

외뢰인은 자녀의 틱이 스트레스가 원인이라는 것을 직관적으로 알고 있습니다. 부모에게는 직관이라고 하는 것이 있습니다. '자녀가 무리를 하고 있으며, 그것이 SOS 신호임'을 직관적으로 이해하고 있습니다. 그렇다면 스트레스가 되는 자극을 알아주는 것이 아이 마음의 건강을 지키기 위해 절대적으로 필요합니다. 어느 정도 부모가 포기를 해야 하는 것입니다.

예의범절 가르치기의 틀로서 성립하는 것은 사회의 규칙과 생명과 건강을 지키기 위해 제한할 때 뿐입니다. 시험을 잘 봐서 부모가 바라는 학교에 보내고 싶다는 생각은 사회의 규칙도, 생명과 건강을 지키기 위한 제한도 아닙니다. 그것은 부모의 바람입니다.

자녀가 고통스러운 사인을 보이면 생명과 건강을 위해서 부모가 바라는 수준을 낮추는 것이 필요합니다. 그럼에도 불구하고 부모가 자신의 자존심과 다른 이유를 들어 자녀에게 맞춰 주지 않고 자녀가 보내는 신호를 무시하며 부모의 바람을 실현시키려고 하다면 자녀의 뇌는 시프트 체인지를 발휘해 부모에 적응합니다. 유아는 부모에게 사랑 받지 않으면 살아갈 수 없는 존재이기 때문에 싫어싫어 뇌는 건강하게 자라는 기능을 포기하고 부모에 적응하는 길을 선택합니다. 그런 방어를 전문적으로 '일차 해리반응'이라고 합니다. 1장의 그림2(20쪽)부터 그림4(23쪽)의 상태가 되는 것입니다. 이 단계는 병이 아닌 단순한 반응입니다. 그렇지만 그 상태로 아이가 자라면 사춘기 이후 여러 가지 심리적인 문제를 야기합니다.

부모의 말을 잘 듣지 않던 아이가 갑자기 얌전하게 말을 잘 듣게 될 때 그것은 시프트 체인지가 일어나고 있다는 신호입니다. 이러한 방어기제가 발동하면 어떤 시기까지는 괴롭거나 졸리거나 아파도 호소하지 않고 부모의 생각대로 분발하는 아이가 될지도 모르지만, 향후 마음의 건강을 포기하는 적응의 방법입니다.

자신 안에 있는 불쾌감정을 안전하게 감싸 안을 수 없는 시프트 체인지 상태이기 때문에 어떤 단계에서 불쾌감정이 폭주하게 됩니다. 머리가 좋고 요령있는 아이들은 불쾌한 감정의 폭주가 다른 아이를 괴롭히는 형태로 표출됩니다.

Q&A 31
이럴 때 어떻게 하면 좋을까?

엄마 앞에서는 좋은 아이인데
유치원에서는 심술을 부리는 아이

Q 저희 아이는 매우 소중하게 기른 외동딸입니다. 유치원 선생님으로부터 아이가 어른이 있으면 괜찮지만 어른의 눈이 없는 곳에서는 난폭한 말로 친구를 괴롭히고 때리기도 한다고 들었습니다. 집에서는 두 살 무렵 짜증을 냈었지만 부모가 엄하게 꾸짖어서 그런 것이 없었습니다. 집에서는 매우 말을 잘 들었고, 난폭한 말 등을 한다는 것은 생각해 본 적이 없습니다. 4세 3개월

A 별로 알려져 있지 않지만 부모 앞에서의 얼굴과 유치원 또는 어린이집에서의 얼굴이 전혀 다른 것은 증상의 신호입니다. 어떤 증상인가 하면 앞의 'Q&A 30'에서 진술한 것처럼 1장의 그림2(20쪽)부터 그림4(23쪽)의 시프트 체인지의 증상입니다. 자녀는 부모에 적응하기 위해 부모가 인정해 주지 않은 감정을 마음속에 가둬 둡니다. 해소되지 못한 불쾌 감정은 출구를 찾기 때문에 친구를 괴롭히는 형태로 방출됩니다.

두 살 때의 짜증 등 싫어싫어 뇌가 자라기 위한 생리적인 반응에 대해 공포를 전달해서 표출되지 못하게 하면 쉽게 시프트 체인지가 일어납니다.

이것을 가지고 예의범절을 잘 가르쳤다고 오해하고 있는 분들이 많이 있다고 생각합니다. 유아에게 두려움을 주거나 저항해도 소용없다는 것을 경험하게 하면 말을 잘 듣는 아이로 만들 수 있습니다. 하지만 그것이 장래에 아이가 행복하게 되는 방향의 변화는 아닙니다.

의뢰인과 같은 경우에는 일상생활에서 일어날 수 있는 작은 불쾌감정을 소중하게 다루는 것이 좋습니다. 감정의 사회화의 과정을 부드럽게 다시 고쳐 주면 곧 회복을 합니다. 아이는 쉽게 좋지 않은 방향으로 가지만 어른의 대응이 변하면 다시 쉽게 건강한 방향으로 되돌릴 수도 있습니다.

이와 같은 것을 깨닫고 어른이 대응을 바꾸는 것이 좋습니다. 유아 시기에 늦은 것은 없습니다. 다시 아이가 꾸물대고 "싫어싫어" 하는 상태가 될 수 있으므로 이에 대한 각오가 필요합니다. 그러면 아이에게는 참고 견딜 수 있는 강한 감정의 사회화가 일어나고, 예의범절 가르치기의 과정을 통해 제대로 성장해 갑니다.

카운슬러 엄마의 에세이 4

'오늘은 도대체 무엇을 위한 하루였던 것일까?'라는 생각이 들기도 합니다.
- 오카자키 가오리 -

저는 지금 5세, 2세 6개월, 생후 4개월 된 세 딸을 키우고 있습니다. 셋째를 안고 둘째는 유모차에 태워 한 손으로 밀고 다른 손으로는 큰딸의 손을 잡고 외출을 합니다. 큰딸은 유치원에 시간에 맞춰 보내고 마중을 나가고 그 사이 둘째와 놀아 주며 셋째는 3시간마다 수유를 합니다. 아이들이 낮잠을 자는 시간을 이용해 집안일을 끝내려고 하는데 좀처럼 잘 되지 않고 3명이 동시에 우는 상황도 적지 않습니다. 물리적으로 손이 부족한 날이 지속되면서 마음에 여유가 없어져 짜증이 나기도 하고, 자녀와 이성적인 관계가 가능하지 않습니다.

큰딸과 둘째 딸에게는 무엇이든지 "스스로 해"라고 하며 그 나이에 할 수 있는 것 이상을 요구하기도 하고 셋째는 어떻게 해 줘도 우는 시간이 많습니다. 그럴 때마다 각각의 아이들을 제대로 돌봐 줄 수 없어 갈등이 생깁니다. 자신 안에서 갈등과 마주할 수 있으면 좋을 텐데 가끔은 그러한 여유도 없이 갈등을 마음의 구석으로 밀어내고 생활하기에 급급했던 시기도 있었습니다.

그러한 일상 중에도 정말이지 아이들의 모습을 보면 치유가 됩니다. 내가 바쁠 때는 큰아이가 둘째에게 책을 읽어 주기도 하고, 큰딸과 둘째 딸이 울고 있는 막내에게 노래를 불러 주기도 합니다. 어느새 성장한 아이들의 모습을 보고 있으면 내가 매일 하고 있는 것이 소중한 것이구나 싶어 부모로서 자신을 믿는 것이 가능해집니다. 이러한 일상이 매일 반복됩니다.

오늘도 바빠서 힘들었지만 큰아이가 아직 어렸던 5년 전을 되돌아보면 정말로 괴로웠습니다. 밤이 되어서 문득 깨달았는데 오늘은 아이를 돌보는 것과 최소한의 가사일밖에 하지 않았습니다. 무언가를 했다는 성취감이 없고 도대체 오늘은 무엇을 위한 하루였을까 하는 생각이 들었습니다. 그래도 지금 와서 드는 생각이지만 틀림없이 자녀의 성장을 위한 하루였다고 말할 수 있습니다.

끝이 보이지 않은 날들이지만 반드시 끝이 옵니다. 엄마를 곤란하게 하는 어눌한 말도, 언제나 엄마의 뒤를 쫓아 아장아장 걷는 것도, 결국 없어진다는 것을 알고 있습니다. 어떤 의미에서 어느 정도 앞이 보이는 지금이 마음 편한 것인지도 모릅니다.

첫째도 둘째도 점점 할 수 있는 것이 많아지는데, 지금까지 할 수 있었던 것을 못하기도 하고 우물쭈물하는 경우도 있습니다. 아이 나름의 여러 가지 감정 때문이라고 생각합니다. 젖을 뗀다던가 배변 훈련을 잘하지 못하는 시기도 있었지만 부모가 자녀가 잘하지 못해도 받아 줄 각오를 하면 의외로 잘하고, 아이들은 놀라운 성장을 보여 주었습니다.

출산 휴가가 끝나고 한 달 정도 지났을 때 큰딸이 유치원에 가기 싫어하면서 꾸물대고 우는 일이 있었습니다. 바쁜 아침 시간이라 보조를 맞춰 주기가 매우 힘들었습니다. 봄 휴가 때 조금 여유가 생겨 되돌아 보니 셋째가 생기고 나서 계속 좋은 말이로 참고 노력했던 큰딸이었습니다. 모든 것을 받아 줄 각오를 하며 4월을 맞이했는데 의외로 그때부터는 전혀 울지 않고 유치원에 가게 되었습니다.

아직 많은 고민거리가 있지만 그럴 때마다 자녀로부터 소중한 것을 배우게 되고 부모로서 성장합니다.

오늘도 우리 아이는 "싫어"라고 떼쓴다

- 제6장 -

엄마 자신의 SOS 사인

이 책에서는 처음에 부모의 괴로움은 제쳐두고 자녀를 중심으로 제대로 교육시키기 위해서 필요한 것을 쓰고 진술했습니다. 1장부터 5장까지 자녀를 위해 어떤 관계가 필요한 것인지에 대해 설명했습니다.

그러나 실제로 엄마들이 임신, 출산을 통해서 심신에 큰 변화를 체험하고 있기 때문에 그 새로운 자신을 힘겨워하며 위험에 부딪치고 있다고 생각합니다. 이번 장에서 그러한 것들에 대해 설명하고자 합니다.

Q&A 32

엄마로서 제대로 하고 있는 걸까?

아이가 태어나서 불안이 강해졌어요

Q 저는 원래 울지 않는 사람이었는데 아이를 낳고 나서는 쓸데없이 눈물을 흘리는 횟수도 많아지면서 불안을 느끼게 되었습니다. 젖의 양이 부족한 것은 아닌가, 아이가 밥을 먹게 되고 나서는 영양이 부족한 것은 아닌지 매일매일이 불안합니다. (18개월)

A 임신, 출산에 의해 배가 현저히 나오고 신체가 변화하는 것은 누구라도 알 수 있습니다. 또, 실제로 뇌는 자녀를 낳고 키우기 위한 기능에 스위치가 켜져 새로운 회로가 생기는 큰 변화를 하고 있습니다. 뇌를 포함한 여성의 신체는 자손 번영을 위해 프로그래밍을 하고 있기 때문입니다. 자녀를 낳기 전의 현대인은 어른이 되면 싫어싫어 뇌의 본능적인 기능은 사용하지 않으면서 생활하고 있습니다. 게다가 최근의 디지털 사회는 디지털 정보처리에 의해 생활하는 것이 익숙하고 편리하기 때문에 생리적이고 본능적인 감각은 사용하지 않게 되었습니다.

현대인은 유효기간 라벨이 없으면 아직 먹을 수 있는 식품인지 아닌지를 후각, 미각으로 판단하는 것에 대하여 자신이 없습니다. 현대사회의 흐름에서 우리들은 생리적이고 본능적인 감각이나 직관을 사용하지 않고 생활을 할 수 있기 때문입니다. 지금까지 몇 번이나 이야기했지만 어른은 착한 뇌의 제어에 의해 생활을 합니다. 그런데 임신, 출산, 수유 등은 생물학적 기능인 싫어싫어 뇌의 영역의 해당됩니다. 이후에 육아에 있어서도 생리적이고 본능적 신체 감각이나 직관을 사용하여 자녀를 지키기 위한 구조로 작동합니다. 유명한 옥시토신 옮긴이 자궁을 수축하고 유즙 분비를 촉진하는 뇌하수체 호르몬의 하나 을 시작으로 여러 가지 물질이 분비되고 회로 등이 자녀를 기르는 방향으로 기능하게 됩니다.

그래서 불안을 강하게 느끼게 됩니다. 화가 나거나 짜증스러운 것도 동일합니다. 싫어싫어 뇌가 민감하게 반응하여 착한 뇌와의 정보교환을 합니다. 쉽게 불안을 느끼는 것은 자녀를 지키는 감도가 높아진다는 의미로 중요한 역할을 합니다. 그 불안을 억지로 없애면 육아를 하는 것이 곤란해집니다. 이것은 다음의 'Q&A 33'에서 다룰 기억의 소생과도 관계가 있습니다.

Q&A 33

엄마로서 제대로 하고 있는 걸까?

출산 후에
어린 시절이 기억나서 괴로워요

Q 아이가 두 살이 되었을 무렵부터 어렸을 때의 기억이 되살아나게 되었습니다. 불쾌한 기억이 많은데 여동생이 태어나서 질투하고 화났던 기분 등 완전히 잊어 버리고 있던 기억까지 생각이 납니다. 그러고 나면 부모님이 저를 혼냈던 것처럼 제 아이를 혼내고 있는 자신을 발견해 매우 불쾌한 기분이 듭니다. 30개월

A 'Q&A 32 자녀가 태어난 후 불안이 강해졌다'에서 말한 큰 변화 중 한 가지는 자신의 어렸을 적 기억이 열리는 것도 포함됩니다. 아마도 육아서 등이 없는 시대에 자신의 체험한 기억을 참조하여 자녀가 기르는 것이 가능하도록 프로그래밍되어 있는 것이 아닌가 생각합니다.

예를 들어, 동물원에서 사육사에 의해 길러진 원숭이 새끼는 생물학적 엄마 원숭이에 의해 양육된 기억이 없기 때문에 육아를 배우는 것이 가능하지 않다고 생각해 왔습니다.

출산 후 열린 자기 자신의 어렸을 적 기억이 기분 좋은 것이었다면 문제

가 없지만 의뢰인과 같이 불쾌한 기억이 되살아난다면 자녀를 양육하는 것이 괴롭습니다.

일반적으로 철이 들고 난 후의 기억밖에 남지 않다고 생각하지만 그것은 언어를 동반한 경우입니다. 언어 즉 착한 뇌와 연결되기 전의 싫어싫어 뇌의 생리적이고 신체적인 반응으로서의 기억, 공포와 불쾌감, 불안한 신체 감각의 기억도 보존되었다가 아기의 우는 소리에 자극이 되어 출산 직후에 되살아날 수 있습니다.

출산 시에 생명의 위험이 있었던 경우나 어떤 사정으로 제대로 된 돌봄을 받지 못하고 자란 경우 등 출산을 계기로 해서 잊고 있었던 공포의 기억이 되살아나는 경우기 있습니다. 그로 인해 아기를 보면 안아 주고 싶지 않다거나 만지고 싶지 않다는 생각이 들다 보니 자신이 부모로서 자격이 없는 것이 아닌가 여기기도 합니다. 자신감을 잃어버리면 이후에는 육아가 곤혹스럽게 느껴집니다. 아이를 괴롭히거나 가혹하게 대하는 배경에는 이러한 기억의 소생이 숨어 있습니다.

기억의 매커니즘은 매우 이상해서 아이의 연령과 동일한 시기의 자신의 기억이 나오게 됩니다. 막연한 공포와 불안을 체험한 경우도 있을 것이고 자신 안의 어렸을 적 아이가 무언가를 외치고 있는 것과 같은 체험으로서 나타나기도 합니다. 중요한 것은 그것들이 엄마가 되기 위한 뇌의 구조 안에서 일어나고 있는 것이며 어렸을 적 자신에게는 어떠한 책임도 없다는 것을 아는 것입니다. 그리고 어렸을 적 자신이 어떻게 대우 받고 싶어

했는지를 생각해 보기 바랍니다.

아마 상냥하게 대해 주고 좋아좋아 하면서 응석을 받아 주기를 바랐을 것입니다. 마음속 어렸을 적 자신의 막연한 공포와 불안은 지금의 당신이 부둥켜안아 주기를 바라고 있습니다. 그것이 가능하면 눈앞에 자신의 아이가 우는 것이 자신을 괴롭게 하지 않을 것입니다.

Q&A 34

엄마로서 제대로 하고 있는 걸까?

아이 울음소리가 들리면
두려움이 진정되지 않아요

Q 아이가 떼를 쓰면서 싫어싫어 라고 울면서 난리를 칠 때 머리로는 그것을 받아들이지 않으면 안 된다는 것을 알고 있지만 실상은 말할 수 없는 공포를 느껴 가능하지가 않습니다. 그래서 가능한 아이를 울게 하지 않으려고 바람직하지 않다는 것을 알고 있으면서도 자녀가 말하는 대로 들어주게 됩니다. 32개월

A 이러한 상태가 되는 것도 앞의 'Q&A 33'에서 말한 것처럼 과거의 기억이 되살아나서 그렇습니다. 의뢰인은 자신의 안에 공포가 있다고 자각하고 있지만 어쩐지 불쾌하다고 하는 정도라면 그것 자체를 알아차리지 못하고 있는 것입니다.

1장부터 5장까지는 자녀의 불쾌감정을 어떻게 받아들이는 것이 필요한지에 대해 기술했습니다. 그것을 이해했다고 해도 자녀의 울음, 떼쓰기에 의해 엄마의 신체에 공포와 불안이 끓어오르는 상태가 되면 가능하지 않습니다. 과거의 기억이 되살아나는 것입니다.

사람은 공포, 불안이 싫어싫어 뇌에서 터져나오면 그것에 대처하기 위한 행동을 합니다. 자녀가 울거나 떼를 써서 감정이 상하면 그에 대한 대처로 혼내거나 아이에게 넙죽 엎드리는 수단을 취합니다. 즉, 울고 있는 아이를 엄하게 꾸짖거나 울지 않게 하려고 아이가 말하는 대로 해 주어 자녀를 만족시키게 됩니다. 1장에서 5장에 걸쳐 서술한 것처럼 어떠한 방법도 자녀의 건강한 양육을 위해 도움이 되지 않습니다.

우선 자녀가 울거나 떼를 쓰는 소리에 부모인 자신이 불쾌해지고 공포가 생긴다는 것을 확실히 알아 두기 바랍니다. 싫어싫어 뇌와 마주하고 있는 자신의 신체 감각을 잘 보듬어 주세요. 왜 불안하고 공포스러운지 이해가 되지 않겠지만 반드시 예전에 그러한 생각을 한 적이 있고, 그 생각을 누구에게도 위로 받지 못했던 것인지도 모릅니다. 그럼에도 불구하고 잘 자라서 여기까지 온 엄마가 된 나를 정말 대단하다고 여기며 스스로 자신의 아픔을 받아들였으면 합니다. 그것은 감정의 사회화로 자신의 안에 있는 불쾌감정을 스스로 해결하는 것입니다.

이러한 기억의 소생에 의한 엄마의 SOS는 혼자의 힘으로 해결이 곤란한 경우도 있습니다. 그럴 때에는 많은 경우 상담을 받아 보는 것이 도움이 됩니다. 건강가정지원센터 옮긴이 가정건강지원센터 전화번호 1577-9337, 홈페이지 http://www.familynet.or.kr/index.jsp 등 자녀 교육지원기관에 문의하면 그 지역의 공식적인 상담 기관을 안내 받을 수 있습니다.

Q&A 35

엄마로서 제대로 하고 있는 걸까?

**자녀교육에 대한
정답이 없어서 괴로워요**

Q TV나 잡지에 여러 가지 정보가 난무하고 인터넷에서도 여러 사람들이 정보를 주다 보니 어떤 정보를 믿으면 좋을지 알 수가 없어 몹시 불안합니다. 이럴 때 어떻게 하면 좋은 것인지 대답을 듣고 싶지만 자녀교육이라는 것이 자녀도 상황도 모두 서로 다르기 때문에 참고는 하지만 그것이 정답인지 아무도 말해 주지 않아 불안하기만 합니다. 33개월

A 예전과 비교해서 정보가 많다고 하는 것이 역으로 엄마들의 불안을 높이는 부분도 있을 것입니다. 게다가 인터넷의 정보 중에는 출간된 책과 다르게 명백하게 틀린 것도 있습니다. 또 상업적이라는 점에서 엄마에게 인기만 있으면 좋다는 가치관, 엄마를 단순히 즐겁게 하기 위해 개발된 상품도 있고, 자녀의 육아를 위해 좋은지 어떤지 하는 것에는 무관하게 유행이 일어나기도 합니다. 무엇이 정답인지 정말 이해할 수 없는 세계라고 생각합니다.

엄마들에게 자신의 감을 믿으라고 전하고 싶습니다. 아이를 낳은 엄마들은 신체도 뇌도 자녀를 양육하기 위해서 시프트 체인지가 되었습니다. 자

기자신 안에서 직관을 믿는 힘을 길러 주기를 바랍니다. 외부에서 답을 구하면 자녀를 키우는 20년 동안 계속 불안하게 됩니다. 초등학생이 되어 아침에 학교에 가고 싶지 않다고 떼를 쓰는 아이를 쉬게 해야 하는지 혼내서 가게 해야 하는지는 순간적으로 판단을 해야 합니다. 그럴 때는 부모의 직관을 믿는 것이 가장 현명합니다. 그런데 엄마의 직관과 착한 뇌의 판단이 다르면 안절부절 불안해지고 엄마는 혼란에 빠집니다. 직관은 신뢰를 통해 길러집니다. 다르다고 생각했다면 다르다고 생각한 직관을 수정하면 됩니다. 틀리는 것을 두려워할 필요는 없습니다.

자신의 직관을 믿을 수 있는 힘을 기르기 위해서는 자기자신의 싫어싫어 뇌의 반응을 기민하게 살피고 중요하게 여기는 것이 필요합니다. 생리적이고 본능적인 불쾌감을 소중하게 생각해야 적절한 직관이 작동하게 됩니다. 직관을 믿을 수 있으면 자녀 양육이 훨씬 즐겁게 됩니다. 아빠들도 갈피를 못 잡고 헤맬 때는 엄마의 직관을 지지해 주기 바랍니다. 아이를 낳은 사람이니까요.

Q&A 36

엄마로서 제대로 하고 있는 걸까?

**자신의 부모로부터
아직까지 평가받는 듯해 괴로워요**

Q 자녀가 있는 것은 즐겁지만 부모님께 전화가 걸려올 때마다 우울한 기분이 되고 침울해집니다. "제대로 하고 있어?", "이거 했어?", "저거 했어?", "괜찮아?"라는 말을 들을 때마다 좋은 엄마가 되지 않으면 안 될 것 같고 완벽해야 된다는 생각이 들어 모든 것에서 도망치고 싶은 기분이 듭니다. 생각해 보면 어렸을 적부터 엄마의 평가를 두려워해 완벽한 아이가 되기 위해 분발해 왔습니다. 결혼하고 겨우 자유롭게 되었다고 생각했는데 자녀가 태어나고 나서 똑같은 것이 반복됩니다. 20개월

A 이처럼 다른 사람의 관여가 싫다고 인식할 수 있으면 그것으로 만족합니다. 당신 안에는 아직 엄마의 기대에 부응하려는 마음이 있고 그것에 대한 혐오감이 생기고 있는 것입니다. 그러한 감정은 있어도 좋습니다. 자립의 계기입니다.

그렇지만 모든 것에서 도망치고 싶은 기분이 든다는 것은 혐오감이 있는데도 불구하고 그것을 쫓아가지 않으면 안 된다고 생각하는 부분이 있기 때문이 아닐까요? 엄마가 말하는 대로 하고 싶지 않지만 그대로 하지 않

으면 불안한 것인데, 이것은 사춘기 시절의 갈등과 동일한 것입니다.

결혼하고 출산해서 어른이 되었으므로 엄마가 말하고자 하는 것은 이해합니다. 그렇지만 '나는 이렇게 하고 싶다', '엄마와는 다르다'고 생각하는 것이 자립입니다. 그것은 엄마가 말하는 대로 하는 것이 싫고 그래서 나는 그렇게 하지 않는 것입니다. 그렇기 때문에 엄마가 걱정돼 말하는 마음만은 이해하기 바랍니다.

부모는 언제나 자녀를 걱정하기 마련입니다. 그러다 보니 자신도 모르게 말이 많아집니다. 그래도 일정한 나이가 된 자녀가 자신의 생각대로 되지 않는다는 것도 이해합니다. 그러므로 자녀도 엄마가 말하고자 하는 것을 이해하지만 '나는 이렇게 하고 싶다'고 생각하면 됩니다. 엄마와 나는 다르다는 것을 인정하면 됩니다.

자신 안에 엄마가 말하는 대로 하지 않으면 불안해하는 어린 자녀 시절의 기분이 다시 소생하고 있기 때문에 그렇다는 것을 아는 것만으로 괴로운 감정에서 해방되는 경우도 많습니다.

Q&A 5

엄마로서 제대로 하고 있는 걸까?

임신, 출산 시 의사가 한 말이 머리에서 떠나지 않아서 괴로워요

Q 임신 때 여러 가지 곤란한 일이 있었습니다. 임신 중 체중 관리를 못 했는데 의사에게 몹시 혼나서 싫다는 생각을 했습니다. 마치 저를 엄마가 되는 것에 자각이 없는 것처럼 매도했습니다. 아기를 낳을 때도 매우 힘이 들어서 소리를 질렀는데 한심하다는 말을 들어서 충격을 받았습니다. 자녀의 울음소리를 들을 때마다 그 의사에게 들었던 말이 생각납니다. 자신이 한심한 인간이라고 엄마가 될 자격이 없다고 말을 듣고 있는 듯한 기분이 되어 자녀를 안는 것이 고통입니다. 10개월

A 지금까지 기술해 온 바와 같이 임신, 출산은 뇌의 동물적인 부분에 의해 일어납니다. 그렇기 때문에 평상시처럼 착한 뇌의 제어가 작용하지 않아서 상처가 되는 말을 들었을 때 방어장치도 작동하지 않습니다. 그러므로 임신과 출산의 시기는 심리적으로도 상처받기 쉽습니다. 그러한 때에 자신과 아기의 생명을 맡기고 있는 의사의 언동에 의해 상처를 받으면 그것은 쉽게 트라우마가 됩니다. 의뢰인의 상태는 자녀의 울음소리가 방아쇠가 되어 불쾌한 기억이 섬광처럼 떠오르는 외상 후 스트레스 장애 PTSD:Post Traumatic Stress Disorder 로 이해할 수 있습니다.

오늘도 우리 아이는 "싫어"라고 떼쓴다

결혼, 출산에 고도의 의료 기술이 개입되는 현시대에 출산 과정에서 심리적인 상처를 안을 수 있는 가능성이 오히려 증가하고 있다고 생각합니다. 의사 입장에서는 일반적인 안전한 출산이라고 해도 당사자에게 있어서는 태어나서 처음으로 겪는 터무니없는 고통의 경험이고 더구나 거기서 얼마간의 위험을 동반하면 큰 공포를 겪게 됩니다. 무사히 출산하면 일순간에 공포 체험은 축하할 일이 되고 주변은 기쁨에 넘쳐흐릅니다. 임신부가 겪었던 고통은 아무도 관심을 갖지 않은 채 세상에서 엄마만 홀로 남겨져 버립니다.

이러한 환경에서 엄마로서의 정체성이 부정되는 상황에 처하면 자신감을 상실하고 혼란스러워집니다. 그 결과 정서적 결합이라고 하는 자녀를 본능적으로 지키려는 엄마와 자녀의 유대관계 형성이 어려워질 수 있습니다.
자녀교육에 곤란을 느끼고 괴로워하는 엄마들 중에는 남몰래 임신 출산 시기의 상처를 안은 채 누구에게도 상담할 수 없는 사람들이 많습니다.

트라우마는 기억의 상처가 문제입니다. 연결된 기억을 안전한 관계 안에서 말할 수 있고, 울거나 화를 내고, 공감을 받을 수 있으면 과거의 기억으로서 재처리됩니다. 신뢰가 가능한 사람과 관계를 맺고 제때 울고 화내는 것이 중요합니다. 울거나 화내는 것은 심리적인 건강을 유지하기 위해 매우 중요합니다.

Q&A 38
엄마로서 제대로 하고 있는 걸까?

'아기 안전띠'나 스마트폰 '앱'을 사용하면 부모로서 실격인가요?

Q 아이가 스스로 걸어 다니고 싶어 하기 때문에 위험 방지를 위해서 아기 안전띠를 사용하고 싶습니다. 하지만 TV 등에서 개를 데리고 다니는 것 같다고 비판하는 것을 본 적이 있어서 안전띠를 사용할 용기가 없어져 버렸습니다. 아기 안전 띠를 사용하면 정말 안 되는 것일까요? 2세 0개월

A 1~2세 아이에게 아기 안전띠를(산보 끈)을 해서 걷게 하는 모습이 개를 데리고 다니는 것처럼 보이기 때문에 TV나 인터넷에서 논란이 되고 있다는 뉴스를 저도 본 적이 있습니다.

아기 안전띠(미아방지줄, 하네스 배낭)의 사용을 둘러싼 논쟁은 부모가 된다는 것은 어떤 것일까 생각하기 위한 좋은 예라고 생각합니다. 대도시에서는 작은 아이를 데리고 걸을 때 인파 속에서 손을 놓치는 것에 대한 보험(구명줄)으로 끈으로 묶어 두고 싶다고 생각하는데 환경이 그렇기 때문에 그럴 수 있다고 생각합니다. 그런 환경 때문에 하네스 배낭이라고 하는 하네스(끈)가 달려 있는 귀여운 디자인의 배낭도 판매되고 있는 것 같습니다.

부모가 된다는 것은 부모가 자녀를 알려고 하는 관계성에 있는 것을 의미하고 있습니다. 반대로 자녀가 울 때 부모가 안절부절못하면 자녀가 부모를 알려고 하는 관계성을 바라고 있는 상태가 됩니다. 왜 부모를 곤란하게 하는 것인가 라며 화가 날 수도 있습니다. 부모가 자녀를 알려고 한다는 관계성에 있는 것이라면 부모 생각의 중심에는 자녀의 안전과 안심이 있습니다. 그러한 경우에, 예를 들어 돈을 줍기 위해 손을 놓았을 때 자녀가 인파 속으로 뒤섞여 들어가 버리는 위기적 상황을 막기 위해 보험(구명줄)으로 아기 안전띠(하네스 배낭)을 이용하는 것인데 기본적으로는 손을 잡고 걷는 형태가 되는 것입니다.

그러나 만약 부모의 생각의 중심에 자신의 안심, 안전에 있는 것이라면 스스로 스마트폰을 하고 있는 동안 자녀가 없어지면 안 되기 때문에, 자신이 눈을 떼도 안심하기 위해서, 자유롭게 걷게 놔두면 자녀가 우물쭈물하기 때문에와 같은, 자신이 편하기 위한 이유로 하네스 배낭을 이용하는 것이겠지요. 그러한 모습은 개를 데리고 다니는 것처럼 보일 수도 있다고 생각합니다.

부모가 자신의 안전과 안심을 중심에 두고 생각해서 행동을 하면 자연히 자녀가 부모를 알려는 관계성이 전개됩니다. 초등학생이 되면 자녀는 스스로 기분이 좋지 않을 때 부모의 얼굴을 보면 한층 더 기분이 나빠지기 때문에 부모를 신뢰하지 않게 되어 버립니다. 유아의 하네스 배낭에 대한 논쟁은 부모가 자녀를 어떻게 컨트롤 해야 하는지에 대해 상징적으로 문제를 제시하고 있다고 생각합니다.

어떤 엄마가 전철 안에서 자녀가 떼를 쓸 때 스마트폰 앱으로 아이를 조용히 달래려고 했는데 다른 사람들이 스마트폰으로 양육한다고 여길까 봐 스마트폰을 꺼내지 않고 고민하고 있었습니다. 4장의 'Q&A 18 외출했을 때 공공장소에 드러누워 크게 우는 아이'(97쪽)에서 언급했지만 혼잡한 지하철과 같은 상황에서는 사전에 비상시의 수단을 제대로 준비해 두는 것이 좋다고 언급했습니다. 그러한 준비에 스마트폰 앱도 있는 것이 아닐까 싶습니다. 아이의 행동을 미리 예측해서 준비를 해 주변에 폐를 끼치지 않으려고 생각하는 것이 바른 부모의 자세이기 때문입니다. 주위의 눈을 신경 쓸 필요는 없지만 그러한 마음가짐으로 스마트폰 앱을 보여 주는 모습은 결코 양육을 편하게 하려는 것으로 보이지 않습니다.

비상시가 아닌데 일상생활에서 아이가 울어서 귀찮다는 이유로 이유로 스마트폰을 사용한다면 자녀의 건강한 성장을 위한 방안이 아닙니다. 그것은 자신을 중심에 두고 생각하는 것으로 바람직한 부모의 자세로 보기 어렵습니다.

요약하면 하네스 배낭이나 스마트폰 앱은 육아의 편의를 위해 점차 많이 사용하게 되겠지만 그 전제로 부모가 되려는 각오가 있는지의 여부가 중요합니다. 자신의 편리를 위한 것이 아닌 자녀를 중심으로 생각한 것인지 아닌지에 달려 있습니다.

그렇기는 하지만 그 부모가 되려는 각오를 하지 않고 아무 거리낌 없이 편리한 도구에 의존해서 아이를 가능한 울게 하지 않도록 제어한다면 초등학교 저학년 이후 폭력의 문제는 점차 심각하게 될 것입니다. 편리한 자녀교육의 도구가 있는 시대야 말로 의식적으로 그 사용방법을 유념해야 합니다.

카운슬러 엄마의 에세이 5

**남편이 근무지를 옮기면서 자녀 교육 환경이 갑자기 변했어요.
가까운 공원에 가도 아이가 없어요.**

- 키무라 히로노 -

'오늘도 아무도 없어'. 33개월된 딸과 7개월된 아들을 데리고 공원에 간 저는 실망했습니다. 새해가 시작되고 4월 초, 남편이 근무지를 옮기면서 저희는 전혀 모르는 곳으로 이사를 했습니다. 이전에 살던 회사 사택은 자녀를 키우는 집이 많아서 밖으로 나가면 누구라도 만날 수 있었습니다. 공원에 가면 또래의 부모 자녀와 만나고 자연히 서로 알게 되어 친구가 되는 환경에 익숙해져 있었는데 이사를 가서는 처음에 아는 사람이 아무도 없다 보니 자녀교육이 불안했습니다. 막연히 살다 보면 아는 사람이 생길 거라 생각했습니다.

그런데 그 기대가 빗나갔습니다. 운이 나쁘게도 어린아이가 있는 세대가 이번 봄에 근무지를 옮기면서 모두 이사를 갔습니다. 매일 누군가는 있을 법한 사택 근처의 공원에 가도 우리 가족밖에 없는 날들이 지속되었습니다. 공원에서는 아무도 만날 수 없어 양육지원센터에 가 보려고 나가 보았습니다. 유아를 위한 어떤 시설에도 아들은 즐거운 듯 배밀이를 했지만 딸은 어쩐지 불만스럽게 보였습니다. 대체 모두 어디에서 놀고 있는 것인지. 우리가 너무 한가한가? 점점 고립되어 간다고 느끼게 되었습니다. 이삿짐을 풀고 정리하면서 아이 외의 사람들과 말하지 않는 날들이 이어졌고 지쳐 버렸습니다.

엄마 스스로 여유가 없으면 아이들도 그것을 민감하게 느껴 이전보다 더 울게 됩니다. 딸은 아직은 혼자서 옷을 입지 못하는데도 입으려고 하다 잘 되지 않자 엄마에게 도와달라고 하지 않고 꺼이꺼이 울기만 합니다. 모처럼 공원에 왔는데 바람이 강해서 싫어합니다. 이사 오기 전에도 있었던 일상적인 일이지만 여유가 없어져서 그런지 쉽게 부글부글하고 짜증이 납니다.

딸과 서로 맞잡고 둘이서 우는 일이 많아졌습니다. 이러한 상태로는 안 되겠다 싶어 어디든지 가서 기분전환을 하려고 했지만 주변에 아무도 없었습니다. 이전이라면 말할 수 있는 친구가 있었는데 말입니다. 무엇이든 과거와 비교하게 됩니다. 그러던 중 어느 날 남편이 직장에서 환영회를 하고 집에 왔습니다. 남편은 좋겠다 일 때문이지만 환영해 주는 곳이 있으니까. 나는 집밖에 없다는 생각에 왈칵 눈물이 나와서 울면서 불만을 터트렸습니다. 남편 입장에서는 집에 왔는데 아내가 갑자기 울어서 당황했겠지만 덕분에 기분이 상쾌해졌습니다. 누군가 자신이 이야기를 들어 주고 마음에 여유가 생기면 아이들에게도 여유를 가지고 대하는 것이 가능해집니다.

공원에 가서 "아무도 없어도 좋지?"라고 아이에게 묻자 "괜찮아, 엄마랑 동생과 놀면 되지"라고 밝게 대답했습니다. 그 말을 들으니 아이는 누군가와 놀 수 없어도 엄마가 생글생글 웃으면서 곁에 있어 주면 그것으로 좋다는 것을 깨달았습니다. 공원에는 여전히 아무도 없지만 딸과 같이 한참을 모래밭에서 놀기도 하고 그네를 타고 서로 밀어 줍니다. 지금만 가능한 일입니다. 언젠가는 아이들끼리 노는 때가 올 것입니다. 그때까지 부모 자식간의 소중한 시간이라고 생각할 수 있게 되었습니다. 그런 생각을 하면서 정기적으로 개최되는 인근 육아 광장에 나가고 있습니다. 조금씩 아는 사람이 생기고 있고 앞으로는 즐거울 것 같습니다.

오늘도 우리 아이는 "싫어"라고 떼쓴다

1판 1쇄 발행 2018년 03월 30일

저 자 | 오오카와라 미이
역 자 | 황종하
발행인 | 김길수
발행처 | (주)영진닷컴
주 소 | (08505) 서울특별시 금천구 가산디지털 2로 123
　　　　월드메르디앙 벤처센터 2차 10층 1016호
등 록 | 2007. 4. 27. 제16-4189호

ⓒ 2018. (주)영진닷컴

ISBN 978-89-314-5713-1

이 책에 실린 내용의 무단 전재 및 무단 복제를 금합니다.
파본이나 잘못된 도서는 구입하신 곳에서 교환해 드립니다.